1 週間

宅建士
の基礎が学べる本

宅建ダイナマイト合格スクール
大澤 茂雄 著

インプレス

本書の特長

- 本書は、これから宅地建物取引士資格試験（いわゆる「宅建試験」）を受験してみようと思い始めた方を対象とした書籍です。
- 宅建試験の受験勉強を始める前の「１週間の過ごし方」として、その１週間で「初学者が知っておいたほうがいいこと」をまとめております。

● 読者対象

- ・はじめて宅建試験を受験する方（初学者）
- ・宅建試験の受験を検討している方
- ・なにか資格を取得してみたい方

● 気に入ったところから読んでください

宅建受験勉強を始める前の「１週間」としておりますが、気になった項目からお読みいただいてもだいじょうぶです。

● 基礎がしっかり学べます

宅建試験で出題される法令の基礎を学ぶことができます。各項目で出題される法令の全体像や、出題例をふんだんに盛り込んでいます。

● 会話形式で記述しております

初学者の方を対象としておりますので、本書の記述は口語体で会話形式とし、「親しみやすさ」を重視しております。

● 民法の図解方法を解説します

宅建試験の出題項目である民法を学習する上での効果的「図解方法」を解説しております。

● 法律用語の読み方も学べます

条文の言い回しになれるためには、まずは法律用語の読み方から。その意味するところを身近な例を用いて解説しております。

● 日常生活でも「宅建」に親しむことができます

日常生活で目にする不動産の販売広告などでも、試験合格に向けての受験準備もできます。その方法をお伝えしています。

本書をご活用いただくことによって、ひとりでも多くの方が合格されますことを、心から願っております。

インプレスの書籍ホームページ

書籍の新刊や正誤表など最新情報を随時更新しております。
https://book.impress.co.jp/

はじめに

みなさんこんにちは。
宅建ダイナマイト合格スクールの大澤茂雄です。

なにか資格でも取ろうかな〜。
そんなふうに急に思い立ち、さっそくあれこれネットで検索してみて、
「じゃ、宅建っていうのを勉強してみようかな」というふうに思ったあなた。

本書はそんなふうに思ったあなたに向けて書かれた本です。

……というのもですね。

ほら、いま書店で「宅建」のコーナーに行って、何冊か宅建の本を手に
取ってみたでしょ。
パラパラとページをめくって、ざっと目を通しましたよね。

で。

どうでした？
ピンときましたか？

……そうなんです。

「宅建」ってね、カンタンそうにみえて、意外とむずかしかったりする
んです。

むずかしいっていうか、とっつきにくい。

それはなぜか。
じつはですね、宅建試験って「法律」の試験なんです。

本書でもたびたび触れておりますが、たとえば、宅建ダイナマイト合格スクールの合格者のみなさんも「最初はどうしても……」というふうにおっしゃってます。

……最初はどうしてもそうみたいです。

そこで本書の登場でございます。（笑）
どうぞ、このままページをめくってみてください。

みなさんが「とっつきにくい」といっている最初の関門を、ほらね。
宅建ダイナマイト合格スクールが提唱しております「受験勉強エンタメ化計画」に基づきまして、「宅建の受験勉強って、ほんとは楽しいんだってばっ」をお伝えしたく、愉快な空気感満載の書籍としたつもりです。

超初学者のクセに、一発で合格したぁーい。
そんなあなたのための超超超入門書。

これでわからなければ、ごめんなさい!!

まずはじめに本書で「宅建受験勉強」のファーストステップをたっぷり楽しんでいただきまして、そして勢いをつけて!!

そうですみなさん。
この秋、いっしょに大きな成果を作りましょう。
宅建ダイナマイトスクールはみなさんの味方です。
合格に向けて、全力でご声援申し上げます。
えいえいおー。
盛り上がっていきましょうね。

宅建ダイナマイト合格スクール
代表　大澤茂雄

1週間で宅建士の基礎が学べる本の特典

「ラジオ番組のような楽しい音声講義」はこちらから

http://t-dyna.com/week

★ **podcastで配信します。**

★ **音声講義（mp3データ）をダウンロード しなくてもお聴きになれます。**

★ **ダウンロードもできます。**

音声講義の配信ページに
「Podcast: Play in new window | Download」という記載
があります。右側の「Download」という文字をクリック
（Windowsは右クリック）して「名付けてリンク先を保存」
と進めると、PC内に講義のmp3データを保存することが
できます。

宅建ダイナマイト合格スクール　FAQ

◆ 試験について ◆

Q 試験の申込みは何月くらいですか？

例年 7 月からです。試験の実施団体は財団法人不動産適正取引推進機構 http://www.retio.or.jp/ で、公式的な発表（試験実施公告）は 6 月の上旬にされます。

Q 今年の合格点は何点ですか？

実施されてみないとわからないです。でも、合格率ならばだいたい見当がつきます。例年通りだとすれば 15％前後。受験者数が 19 万人くらいとすれば上位 3 万人が合格です。ということで、とにもかくにも「上位 15％（3 万人）に入るんだ」という意気込みで取り組んでいきましょう!!

Q 試験がかんたんなときと、むずかしいときがあると聞きましたが。

合格率を 15％程度となっているので、難易度によって、32 点 33 点で合格の年もあれば 37 点という高得点じゃないと受からなかった年もあります。かんたんな試験のときはみんな得点するし、むずかしい年のときはそれなりの得点での合格となります。

Q 不動産の実務経験がないんですけど、だいじょうぶでしょうか。

だいじょうぶです。合格者の 60％ 70％は、不動産関係で働いている人以外です。合格者の職業別構成比は、おおまかにみると、不動産業 35％、金融関係 10％、建設関係 10％、他業種 20％、学生 10％、主婦 5％、その他 10％ というような感じです。

Q 合格者の平均年齢はどれくらいですか？

35 歳前後です。

Q 未成年者ですが受験ですか。

未成年者でも受験できます。受験資格についてはとくに制約はありません。

◆ 受験・受験勉強について ◆

Q 本書を読み終えたあと、どうやって受験勉強をしていけばいいでしょうか。

さしあたって、教科書（テキスト）を3回読んで、分野別問題集や過去試験問題集を何回か解いてください。ちょっとたいへんかもしれないけど、ぶっちぎり合格めざして、踏ん張ってみましょう。

Q みんな、自分よりアタマがいいような気がします。不安です。

錯覚です（笑）

Q テキストを1度だけ読んで、わかった気になって過去問を解いてみると解けなかったりします。どうしてでしょうか？

とりあえずもうちょっと教科書（テキスト）を読み直して、そしてテキストを見ながらでいいので、過去試験問題を解いてみてください。まずは基礎体力。そして量をこなす。やはり量が質を生みます。

Q ぜんぶで50問。試験時間内にぜんぶ解けるかどうか不安です。どうしたらいいでしょうか？

はやく解けるようになりましょう。……というのはかんたんですが。でも、楽な早道はないです。さしあたっての目標として、もう一度いっちゃいますけど（笑）、教科書（テキスト）を3回読んで、過去試験問題を5回解く。それくらいやっておくと、試験問題を読むスピードがあがってくると思います。

Q 受験勉強をするにあたり、ぜったいこれだけは必要っていうの、ありますか？

時間です。時間がなければ、なにもできません。とにかく時間です。時間。

Contents

0日目 宅建そもそも論（基礎知識）

1日目 宅建試験の分析

2日目 法律のしくみ

3日目 法律用語の使い方・読み方

4日目 民法の攻略法

5日目 宅建業法の全体像

6日目 広告関連の基礎知識

● 宅建ダイナマイト流・受験勉強心得 ●

「量が質を生む」と覚悟せよ

そもそも宅建試験っていうのは「法律」の試験だから、そりゃやっぱりそれなりに専門用語が出てくるし、それが意味する概念を理解しとかなきゃいけない。そんでまた「30日以内に届け出よ」とか「1,000㎡未満だったら許可不要」だとか、「しなければならない」なのか「することができる」なのか。まぁそんな法規制（ルール）もきっちり把握しておく必要もある。

さらにだ、実際の試験問題をちゃんと読んで意味を理解したうえで（ここで読解力が必要となる）、それら覚えておいた基本的な話のどれかを当てはめて正解を導きだす。
……と書くとけっこうたいへんな感じがするけど、まぁしょうがない。合格者の誰しもが通る道だ。ということで受験勉強心得として、みなさんある種の「覚悟」をヨロシクお願いします。

どんな覚悟かというと「量が質を生む」。どれくらいかというと「テキストは3回読む・過去問などの演習問題は5回解く」かな。まぁこれはどこの受験スクールでも言っていることですが。

それくらいやっておくと読解力もアップするだろうし、30日だの1,000㎡だのもアタマに入ってくる（はず）。テキストをざっと眺めて解答解説をあてにしながら過去問を解いても、チカラはつかないしね。それに最近の試験は内容がわからなくても読めば解るっていうレベルじゃないもんね。

だから覚悟をキメてきっちりベンキョーしようぜ。そしてみなさん、秋にでっかい成果をいっしょに作りましょうね。盛り上がっていこう。えいえいおー!!

0日目

勉強を始める前の1週間

宅建そもそも論（基礎知識）

1 アナタのお部屋探し。
建物に住むということは？

2 不動産屋（宅地建物取引業者）と
宅建士（宅地建物取引士）の関係

3 さぁ宅地建物取引士をめざして
みよう

0 日目

宅建そもそも論（基礎知識）

1 アナタのお部屋探し。建物に住むということは？

■ 誰しも「住」を考える時がやってくる

「衣食住」という言葉があります。生活になくてはならないもの、という意味合いで、みなさんもたとえば就活の時期に「どの業界にしようか」と考えはじめたとき、誰かから「衣食住に関連している業界がいいよ」というようなことを聞いたことがあるかもしれません。

また、この衣食住のうち、「衣食」を使った慣用句として「衣食足りて礼節を知る」というのがありますよね。これもみなさんがご存知のとおり、『衣食の心配がなくなれば（生活に余裕が出てくれば）、公徳心とか道徳（マナーや節度）にも気がまわりはじめますよ』という意味で、たしかにそのとおりでしょう。

でね、あのですね、ここで問題にしたいのは衣食住の

「住」はどこ行ったの!?

たとえばですけど、「衣食」が足りない時代を「親（大人）の庇護を受けている子ども時代」としてみますと、まぁそりゃそうなんだけど生まれてきたときはまさに丸裸でなにもなく、なにもできずに、親に頼らざるをえず。

着るものも食べるものも、親が用意してくれて、つまり親といっしょに生活している。

そんな暮らしがしばらく続く。

小さいころの男の子はお母さんが大好きで、そして思春期になった女の子は父親を遠ざける。

喜怒哀楽がありつつも、そんなこんなでアナタはだんだんと大きくなってきて、そしていつしか、ついに親から離れるときがやってくる。

卒業して就職が決まったとか、結婚するんだ、とか。

一人暮らしをしたいという気持ちになることもあるでしょう。

そうです。もちろん人それぞれ、まさにその人なりの状況やタイミングとなりますが、はじめて「住」について考えるときが、アナタにやってくる。

さて。

アナタはどんな部屋に住みたいですか。

■「建物」に住む権利とパターン

よし、一人暮らしをしよう。

結婚したので、住むところを探そう。

そんな動機で、アナタは部屋を探すとなると、まずはどうする？

スマホで検索してどうのこうの。そうですね、いまどきだとそんな感じ。で、たどり着いた物件情報サイトから、写真をクリック。物件情報にリンクされた不動産屋にアナタはアクセスすることになる。

まぁこんな流れでしょう。

で、ここでひとつ。

唐突ですが、部屋、すなわち家。

ちょっとかたっ苦しくいうと建物。

建築基準法などでは「建築物」という表現になりますが。

そんな建物に、アナタが住むためには、どうしたらよいでしょうか。

> **Q**：建物に住むにはどうしたらよいか、法的に述べなさい。

> **A**：住む（使用する）ためには、その物件（という言い方も
> ある）についての権利をもっていなければならない。

部屋だとか、お家、建物とか**建築物**。

いろんな言い方がありますけど、ここでは「**建物**」としておきます。

ちなみに宅地建物取引業法（宅建業法）での解釈だと『「建物」には「建物の一部」も含まれる』となっている。建物の一部とはビルの一部、マンションやアパートの一室など。

ということで、建物に住む。

当たり前なんだけど、建物に住むっていったって、そもそも建物が建っていないと話がはじまらないわけで、じゃあ建物を建てるためにはなにが必要かというと、そりゃあもちろん、その建物を建てるための土地だ。

敷地というふうに言ったりもする。

ではここで、建物に住むためのアナタの「**権利**」についての話に戻してみよう。

土地の権利と**建物の権利**について、ちょこっと述べてみる。

アナタに「権利」のことをちょっとだけ考えてもらいたくてね。

次の3パターンを眺めてみてくれたまえ。

パターン 1

自分で土地を所有して、その土地に自分の建物を建てる。

【土地】所有権、【建物】所有権

＊「土地付き戸建て（新築でも中古でも）」を買うというのもこのパターン。

自分の建物

自分の土地

パターン 2

他人の土地を借りて、その土地に自分の建物を建てる。

【土地】借地権、【建物】所有権

自分の建物

他人の土地

パターン 3

すでに建っている建物（他人所有物）を単に借りる。

【土地】権利なし、【建物】借家権

借りて住む

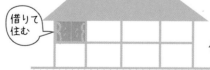

他人の建物

他人の土地

世間でよく耳にする、建物は「買うほうが得なのか、賃貸が得なのか」という話（結論として、アナタの状況によってどっちにも転ぶ）を、上記のパターンにあてはめると

```
所有 ： パターン 1  と  パターン 2

賃貸 ： パターン 3
```

となる。

そうなんですよ。 パターン 1 と パターン 2 の「建物を所有する」となると、その敷地をどうするか。
土地も手に入れる（所有する）のか、借地（しゃくち）するのか。

もっとも、所有するにしても借地するにしても、空き地があればの話だけどね。たいてい、人気のある街には空き地はない。仮にあったとしても、それを買う（売買代金）にしろ借りる（賃料）にしろ、「まじかっ」と思うぐらい高い。

■「土地を所有する・借地する」について

土地を所有するためには、もともと持っている人から買うとか、贈与してもらうとか。現在の所有者と売買契約や贈与契約という取引を経なければ手に入らない。
契約以外の方法だと、あとは相続かな。ちなみに相続は「契約（取引）」ではなくて所有権を「引き継いだ（承継（しょうけい））」というニュアンスになる。

で、やっとの思いで手に入れた土地。
ところがその土地にとてつもない量の産業廃棄物などのゴミが埋まっていたら、アナタはどうする？
地下に防空壕が掘ってあって、ちょっとした地震で陥没の危険性が高かった

りしたら？

もともとはなんかの工場の跡地で、有害な化学物質で土壌汚染があったりしたら？

土砂災害警戒区域内の土地だったら？

中古の戸建て住宅とともに買ったが、再建築できない土地だったら？

そのほかにも「そもそも購入代金を銀行から借りられるのか？」とか、土地を手に入れるには、きりがないほど考えなきゃいけないことがある。

まぁこういった話を、不動産屋まかせにする人もいるけどね。

その不動産屋、信用できる業者だといいですけど。

一方の借地。

ちなみに、建物を建てるために他人の土地を借りた人のことを**借地権者**といいます。

借りた他人の土地に建物を建てる権利を**借地権**。

借地権を持っている人のことを借地権者。

ちょっと専門的な用語が出たけど、こういう関係となります。

で、借地するとなると、もともとの土地所有者との間で「土地の賃貸借契約」を結ばなければならない。

借地契約といったりもする。

借地契約の場合、土地所有者にしてみれば、売買みたいに「1回こっきりの売りっぱなし」と異なり、賃貸借の期間中「借地権者から賃料をもらい続ける」という人間関係が長々と続く。

「建物を建てるために土地を賃貸借する」となると借地借家法が適用されて、賃貸借の期間は最低でも30年以上としなければならないというようなルールがある。

借地の場合だと、期間というものがあるから、期間が満了したときに更新ができるのかどうかも重要な話だ。

で、借地の更新なんだけど、更新ができる借地権（普通借地権）と更新ができない借地権（定期借地権）がある。

……などなど。

そうです。
いずれも宅建試験で勉強する話。
これからドンドンでてくる。

土地がなんとかなったとして、こんどはその土地の上に建物を建てる。
建物を建てるとしたら、みなさんはどんな建物がいいですか？

ちなみに、土地付きの戸建て分譲、建売分譲ともいうが、土地とすでにそこに建っている建物まるごと買うということだったら、どんな建物を建てようかという話はなしで、つまり、そこに建っている建物が気に入れば買う。
どういうふうに建てられたのかは、わからないけど。

一方、注文住宅ということだったら、土地の上に、自分の好み・趣味にあった建物を建てるということだけど、自分の土地だからといって、どんな建物でも自由に建てられるわけじゃない。

たとえば、都市計画法の規定に用途地域というのがあって、具体的には全13種類（住居系8種類・商業系2種類・工業系3種類）あって、その土地を含む一体が用途地域として「第一種低層住居専用地域」というものに指定されていたとしよう。

第一種低層住居専用地域。

そこはどんな街並みになるのか、なんとなく思い浮かべることができますか？

「低層住居専用地域」というくらいだから、戸建て住宅街となるのかな。

はい正解です。

宅建試験の受験勉強をすることになったら、そのうち都市計画法や建築基準法に取り組むことになるけど、「建蔽率」とか「容積率」という言葉が出てくる。

これはいずれもその敷地に建てることができる建物の規模を制限するもので、たとえば**建蔽率**が50％と定められていたとしたら、その敷地の50％部分にしか建物は建てられない。
100㎡の土地だったとしたら、半分だけ（敷地100㎡のうちの50㎡部分にだけ）建物を建ててよいということになる。
となると半分は空き地としておく。
そこに建物は建てられないから、駐車スペースにしておくとか。
庭でもいいかもしれない。

容積率というのは、その敷地にどれくらいの延べ面積（各階の床面積の合計）の建物を建てることができるのかというもの。
容積率が大きい数値で定められていればいるほど、その土地にはでかい建物を建てることができるわけだ。

たとえば、100㎡の土地があって、容積率が100％と定められているとしたら、その敷地には、各階の床面積の合計が100㎡の建物しか建てられない。

それで、「第一種・第二種低層住居専用地域」だと、建蔽率50％、容積率100％と指定されていたりする。
たとえば、敷地面積100㎡だとすると、建築面積は50㎡。建物の床面積のトー

タルを最大で 100㎡ としなければならないから、1 階 50㎡・2 階 50㎡ という戸建て住宅となる。

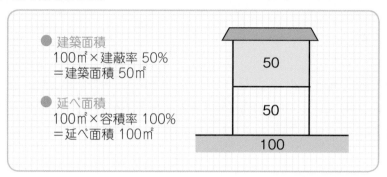

- 建築面積
  100㎡×建蔽率 50%
  ＝建築面積 50㎡

- 延べ面積
  100㎡×容積率 100%
  ＝延べ面積 100㎡

だから、この土地にそこそこの規模のビルを建てたいと思っていたとしても、それは不可能だ。

それからその土地に建つ建物の用途も制限される。

ちなみに、「低層住居専用地域」には「第一種」と「第二種」があって、建蔽率や容積率の厳しさ（小さい数値で定められている）はおなじなんだけど、建物の用途制限が、第二種だとすこし緩い。
低層住居専用地域というくらいだから、読んで字の通り「低層住居の専用地域」としたいわけなんだけど、「第一種」ではなく「第二種低層住居専用地域」だったら、床面積が 150㎡ 未満という条件はつくものの飲食店などの店舗を建築することができたりする。
もちろん低層住居専用地域には大規模なお店とか大学や病院、映画館などは建築できず、そういったものは、たとえば商業系の用途地域でないと建築できない。

いずれにせよ、13 種類の用途地域に応じて、建蔽率や容積率、建築物の用途制限などルールがあるんだけど、意外とそういうことを一般消費者は知らなかったりする。

■「建物を借りる」について

とりあえず、部屋を借りよう。
世間でいうところの「賃貸」ですね。

とりあえず実家からを離れて暮らそう、ということだと、いきなり家を買うなんてことはしないだろうから、「他人の建物を単に借りる」という17ページのパターン3になろうかと。

建物の賃貸借契約にも借地借家法の規定が適用され、と書くとなんだかむずかしそうな感じになるけど、かんたんにいうと、建物の賃借人（借りている人）はメッチャ法的に保護されるということになる。

ちなみに借地契約の場合もおなじ。土地の賃借人（借地権者）への法的な過保護もハンパじゃない。

ま、そのあたりの詳細は、借地借家法で勉強する。
けっこうおもしろいです。

で、この「建物を借りる」という局面、いわゆる「お部屋さがし」でのエトセトラなんだけど、賃貸借の期間は、2年とか3年とかになるかと。
さっきちょこっと出てきたけど、借地の場合だと最低でも30年ということになっているけど、借家の場合はそういう規定はない。
だって「建物は最低でも30年借りろ」というのって変だもんね。
では期間2年と定めて、建物の賃貸借をしたとしよう。

さてでは、そのお部屋を借りるのに、いくらかかるのか。
初期費用というやつですね。
売買とは、またちょっと違う感じになりますが。

それではみなさん、以下の「おカネ」を法的に説明できますか？

> 礼　金：1ヶ月（人気物件だったら2ヶ月）
> 敷　金：1ヶ月
> 前家賃：1ヶ月
> 仲介手数料：1ヶ月
> 保証委託料・管理費などの名目：別途
>
> ## 家賃が 20 万円の物件だったら
>
> 礼　金：20 万円
> 敷　金：20 万円
> 前家賃：20 万円
> 仲介手数料：20 万円
>
> ## 計 80 万円で、これに委託保証料などで計 100 万円とか

詳細は、宅建の受験勉強したらわかりますが、これは、一般的によくある話として、建物を借りた際に、不動産屋にいわれるがまま、言われた金額を言われたように支払った場合の例ですね。

ちなみに礼金とは、とくに法的な根拠はなく、慣習として借主のほうが貸主に支払うおカネのこと。
賃貸借が終了したときに貸主からの返却はありません。

敷金は賃貸借が終了したときに、貸主から返還されます。
もっとも、滞納家賃などがあれば差し引かれますが。

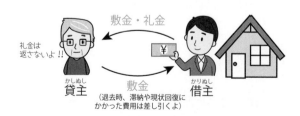

敷金・礼金

礼金は
返さないよ!!

貸主
（かしぬし）

敷金
（退去時、滞納や現状回復に
かかった費用は差し引くよ）

借主
（かりぬし）

と、まぁそれなりに、知っておいたほうがいいかもと思える知識もあります
が、もちろん、知らなきゃ知らないで、トラブルもないというのであれば、
それはそれでいいんです。

もっとも客のほうがそこそこ詳しい（宅建の資格を持っていたりすると）と、
ある意味、不動産屋にしてみれば迷惑な話かも。

たとえば仲介手数料。
これは賃貸仲介をした不動産屋の手数料（のちほど触れます）で、法的には
「媒介報酬」といいますが、上限は1ヶ月分。
家賃が15万円だったら15万円＋消費税。

これって、居住用の建物の仲介だったら原則は「0.5ヶ月」ずつなんですけ
どね。
大家さんから「0.5ヶ月」、借り主から「0.5ヶ月」。
ところが借り主が「1ヶ月払う」と承諾してるんだったら、借り主からまるっ
と「1ヶ月分」とっちゃってもよい。

ね、不動産屋にしてみれば少しは迷惑な話でしょ。

もっとも仲介手数料が最初から0.5ヶ月とうたっていることがある。
あと、なんと仲介手数料がゼロの物件もある。
それはなぜでしょう。
どういう「裏」があるのでしょうか。

そのうち講義でお話しいたします。

2 不動産屋（宅地建物取引業者）と 宅建士（宅地建物取引士）の関係

■ 不動産業と宅建業のちがい

と、まぁあれこれ書いてみたが、要は、不動産（土地や建物）を買うにしろ、借りるにしろ、ある程度は専門的な知識があったほうがいいかなと思う。
買うにしろ借りるにしろ、けっこうお金もかかるしね。
うっかりすると「こんなはずじゃなかった」みたいな悲劇がアナタを襲うかもしれない。
そうならないように、宅建の勉強が大事だったりする。

で、不動産を買うにしろ借りるにしろ、とりあえずどうするかというと、いまはふつうの一般消費者であるアナタは街の不動産屋に行くことになる。

ここであえて「不動産屋」という言葉を使ってみたが、宅地建物取引業法では宅地建物取引業者といいます。
略して宅建業者。
不動産業のことを宅建業。
もっとも、我々がふつうに考えている「不動産業」＝「宅建業」ではなく、「不動産業」のほうが幅広いんだけど、それはまたのちほど。
なので、宅建試験の受験勉強では、「不動産業」とか「不動産屋」という言葉は出てこないので以下、これからは「宅建業」とか「宅建業者」という言葉を使っていきます。

ではここで問題。
宅建業者は、なにをやっているんでしょうか。
宅建業とは、どんな仕事でしょうか。

ちなみに、「宅建業」を営むには、「宅建業の免許」を受けなければならない。宅建業の免許を受けて宅建業を営む者（会社など）を宅建業者という。

念のためだけど、無免許で宅建業を営んだ場合、検挙され裁判の結果、有罪となる場合がある。

ちなみに、平成 29 年での宅建業法違反で検挙された人は 19 人。うち、無免許営業違反での検挙が 8 人となっている。

ということで、無免許で「宅建業」をやってはいけないということなんだが、では、どういう行為（取引）が「宅建業」となるのか。以下、見ていきましょう。

■ 仲介（ちゅうかい）：マッチングサービス（出会い系）

まずは仲介。正確にいうと「媒介・代理（ばいかい・だいり）」ということになるんだけど、「仲介」のほうが世間的にわかりやすいかなと。

実際の業界でも仲介という言葉を使っているし。

で、この「仲介」とはなにかというと、かんたんにいえば、「マッチングサービス」です。

誰と誰をマッチングさせるかというと……。

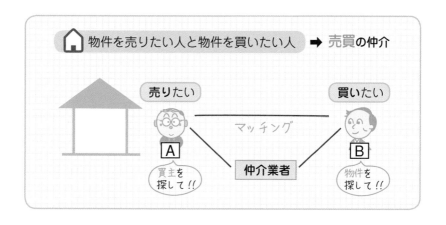

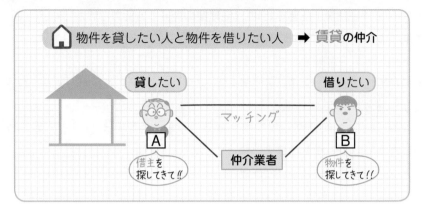

どちらの場合も、うまくマッチングできれば（売買契約や賃貸借契約が成立すれば）、仲介手数料を受け取る。ちなみに仲介手数料のことを正式には媒介報酬といいますが、とさっきも言ったか。

■ 分譲：分譲マンションを建てて売るとか

新築物件を売るとかですね。土地付き戸建ての建売分譲とか、分譲マンションとか。新築ではなくて中古の場合もあります。中古物件を仕入れてきて売る。いずれにしても仲介はしていないので、仲介手数料で稼ぐのではなく、利益を売買代金に乗せて稼ぐ。

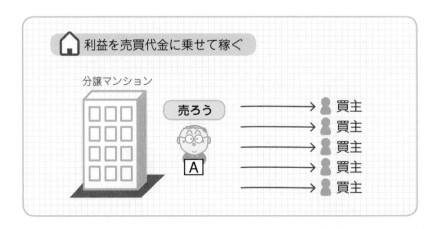

いわゆる不動産業のうち、宅建業になるのはこの2つです。それ以外だったら宅建業とはなりませんので、宅建業の免許を受ける必要はありません。

 宅建業にはならないもの

- **賃貸業**（大家さん・所有している不動産を貸す）
- **管理業**（大家さんの代わりに賃貸物件を管理する）
- **住宅建設**（建設業・ハウスメーカー、工務店など）

ということで、ここまででなにが言いたかったかというと、宅建業を営むには宅建業の免許が必要だということ。

ちなみに、世の中にどれくらいの数の宅建業者がいるかというと、約12万4,000くらいです（2019年3月末時点）。

■宅地建物取引士、いよいよ登場です。

さて、肝心の宅地建物取引士なんですが、まだ登場していませんでしたね。ではここらへんで、登場してもらいましょう。

宅建業法ではこういうルールとなっております。

 宅建業の免許を受けるには、事務所（お店など）ごとに、5人に1人以上となるように、専任の宅地建物取引士を置かなければならない。

かんたんにいうと、店（事務所）のメンバーが5人いたら、そのうち1人は宅地建物取引士でなければならないというわけです。

なので、宅建業の免許を申請したとしても、宅地建物取引士が一定数いないんだったら免許は出ない。

また、宅建業者になったあと（免許を受けたあと）にメンバーを増やそうと思っても、宅地建物取引士がいないんだったら、それもままならない。

そういうこともあるので、宅建業者（会社側）は、従業者に「宅建を取れ取れ」とうるさくいう。がしかし、うるさくいわれたってね、勉強する気がなければやらないけどね（言うだけムダ感あり）。

あとは、中途採用という場合でもそりゃやっぱり宅建を持っている人（宅地建物取引士）が優遇されます。

あといちおう、

宅建業の免許を取得しようとしている会社があったとする。
代表取締役（社長）がA氏で、そのほかの役員としてB氏とC氏がいたとする。この経営陣たる3人の役員ですが、さて問題です。

Q：役員（経営陣）は宅地建物取引士でなければならない。

○ですか？　×ですか？

答えは×。

会社を経営する役員連中は宅地建物取引士でなくても（宅建試験に合格していなくても）、別にかまわない。

ほかに誰か、法定数を満たすように宅地建物取引士を雇っておけばよい。

そうなんです、役員（経営陣）はぜんぜん宅建試験に合格できない人（輩<ruby>（やから）</ruby>）でも、社内に優秀な人が一定数いればよい。

よくあるパターンとして、社長自体が宅建をもっていないクセに（もっとも、もはや勉強する気にもならないとは思うけど）、従業者に「宅建を取れ」と檄<ruby>（げき）</ruby>を飛ばしている会社も多い。

笑える。

で、一定数とは5分の1ですね。

ということは、これを逆に言うと、宅建業者で働いている人の5分の4（80%）は無資格者でもよい。

なので、極端にいうと80%は「不動産取引がじつはよくわかっていない」ということも（……実際よくある）。

えぇーとびっくりする人もいるかもしれないが、営業をやっているんだけど宅建に受かっていない人はごまんといる。

じゃあほかに、宅建（←たしかにむずかしい試験ですから）とまではいわなくても、彼ら彼女らに「不動産営業するための資格（スキルチェックなど）」があるかというと、それもなし。

ということで、いまアナタの目の前にいる笑顔が素敵な営業担当者。その人、ほんとにだいじょうぶなの？？

……話は上手だろうが。それくらいなつもりでご注意を。

■ 宅地建物取引士への道。試験に受かった後の段取り

さて、そんな宅地建物取引士だが、ここでいちおう、宅地建物取引士になるための段取りを確認しておこう。

当たり前だが、まず試験に合格せねばならぬ。

年によって多少の変動はあるものの、だいたいの試験の合格状況は以下のとおり。

★合格状況

受験申込者数：約25万人

受験者：約20万人

合格者：約3万人

合格率：約15%

そしてさらに、合格してから宅地建物取引士になるまでの段取りは次のとおり。

★段取り

①宅建試験に合格（12月の第一水曜日が合格発表）

②宅地建物取引士資格登録（資格登録をする）

③宅地建物取引士証の交付（宅地建物取引士として活動できる）

宅建試験は昭和33年からスタートしていまして、かれこれ60年以上の歴史です。でね、おおよそこの世の中にどれくらいの数の宅地建物取引士がいるのかいうと。

★宅地建物取引士の数（2019年3月末現在）

②宅地建物取引士資格登録：約105万人

③宅地建物取引士証の交付：約51万人

どうでしょうか。多いですか？　少ないですか？　さらにですね、③の「約51万人」のうち、実際に業界で働いている人は約32万人。宅地建物取引士証の交付まで受けているくせに、実際に業界で働いていない人が約20万人と、けっこう多い（ワタクシもそのうちの一人だ）。

ちなみに、宅建業の免許を受けている宅建業者の数は12万4,000くらいだから、単純に割り算してみると、1業者あたりの「宅地建物取引士」は2人くらいしかいない。
あれ？　なんか少なくね？？

■ 宅地建物取引士でなければできない仕事（役目）

そうそう、肝心なお話をしなければ。
宅地建物取引士でなければできない仕事があります。

あ、その前にちょっと余談ですが、憧れの宅地建物取引士。
会社によっては資格手当が月々支給されます。
2万円から3万円。
聞いた話でいちばん高かったのが5万円。
資格手当が3万円だとしても12ヶ月で36万円。
けっこういいじゃん。なので少しばかりおカネを使って（かっこよくいうと自分に投資して）受験勉強してみてもいいんじゃないでしょうか。

なので、ぜひにその際は「宅建ダイナマイト合格スクール」の受験講座をご活用ください。

……という話はさておき。

不動産を買うにしろ、借りるにしろ、契約するにあたり一般消費者だとよく

わからないことがらがあまりにも多く、わからないからといっておざなりに放っておくと、あとでとんでもない悲劇に見舞われるという話をさせていただきましたが、その「消費者の悲劇」をどう防いだらよいか。

そこはお任せください、我らの「宅地建物取引業法」。消費者の味方であります。

宅地建物取引業法では、「消費者の悲劇」を防ぐために、このような規定を用意しております。

■ 重要事項の説明義務

> 宅建業者は、相手方（買主や借主になろうとする者）に対して、その取引物件に関し、契約が成立するまでの間に、宅地建物取引士をして、重要事項を記載した書面（重要事項説明書）を交付して、説明させなければならない。

という規定があります。

宅建業者は契約前に重要事項の説明をしなければならないというもので、説明の相手方は売買だと買主になろうとする人、賃貸だと借主になろうとする人です。おカネを払うほうですよね。

趣旨は、「いまアナタが取引しようとしている物件に関して、ちょっとだいじなお話をさせていただきます。のちのちのトラブルを防ぐために、契約する前のいま、知っておいていただいたほうがいいことがいくつかありますので」ということです。

説明しなければならない「重要事項」は、売買の場合ではこれこれ、賃貸の

場合だとこれこれと、けっこう多岐にわたり宅建業法で決められていて、その上、説明するにあたり、専門的知識や法的知識が必要となる。

なので、そこらへんにいる輩だとできるわけがなく、そうです、この重要事項の説明ができるのは、宅地建物取引士だけです。
いくら社長だといっても宅建に受かってなければ重要事項の説明はできない。

この重要事項を説明するにあたり、「ワタクシは宅地建物取引士です」と名乗る必要があるので、そのために「宅地建物取引士証」というものが用意されているのです。
宅地建物取引士は、重要事項の説明をするときは、宅地建物取引士証を相手方に提示しなければならない。
さらに、説明で用いる「重要事項説明書」には、宅地建物取引士の記名押印がなければならない。

まず契約前に、重要事項の説明。
この仕事ができるのは、宅地建物取引士だけ。
試験に合格しただけの人はできない。
資格登録までしかしていない人もできない。
なのでみなさん、だから今年、宅建試験に合格したら、その勢いで、宅地建物取引士証の交付まで受けちゃっておいてくださいね。

■ つぎに契約書面

重要事項の説明が終わって、「あぁなるほど、そういう物件なのか」と相手方が納得してくれたら、いよいよ売買契約や賃貸借契約を結ぶ。
その際に、こういう規定があります。

> 宅建業者は、契約が成立したら、契約内容を記載した書面（契約書面）を取引関係に交付しなれければならない。

たとえば売買の仲介をして売買契約を締結したのであれば、売主側と買主側の両方に契約書面を交付する。

賃貸の仲介だったら、貸主と借主の両方にね。

さっきの重要事項説明書の交付は、物件説明という側面が強いので、買主や借主となろうとする側だけでよかったんだけど、契約内容は両当事者が知らないと困るので、契約書面という形にして、両当事者に交付する。

この契約書面の交付にあたっても、やはり宅地建物取引士の役目があって、それはなにかというと、契約書面への記名押印。

「契約内容にまちがいはありません」と責任を持つ形になる。

法的な知識がないと、責任がどうのこうのもない。

なので、法的な知識がある（宅建試験に合格した）宅地建物取引士の出番となる。

もちろんだが、宅地建物取引士ではない輩の記名押印は違法となる。

このような、不動産取引においての大事な局面で、大事な役割が宅地建物取引士にあるので、宅建業者には一定数の宅地建物取引士がいなければならないのだ。

3 さぁ宅地建物取引士をめざしてみよう

■ 基本テキストを3回通読し、過去問を5回解き倒す

結論として、宅建試験に合格してください。
そして宅地建物取引士になってください。

合格率が15%ということで、むずかしく感じるかもしれないけど、ろくに勉強してこなかった人がけっこう受験する試験なので、ある程度、本気でやってくれていれば合格できる。
過去に出題された過去試験問題が解けるようになっていればだいじょうぶ。

で、そのためにはどうすればいいかというと、教科書的な基本テキストを3回くらい通読し、過去試験問題集を5回転くらいしておけばばっちりオッケー。

Q：では宅建合格をめざしての「受験勉強」で、いちばんだいじなことはなんでしょうか。

A：それは時間確保です。

はじめての受験だとか、自信がないとか、才能がないんじゃないかとか、たいていはそんなことをみなさん言いますけど、投入時間の多さがそれを一挙に解決します。

逆に言うと、時間確保しかない。
時間確保できない（確保する気がない）となると受かりません。
仕事が終わるのが夜9時だ10時だ、だと、まずムリですね。

どうやったって時間がとれない。

そのあと、がんばれないでしょう。
メシを食って寝ちゃうしね。

もしその気があるんだったら、ざっと 200 時間から 300 時間は見といてください。
それが確保できれば受かるでしょう。
単純なんです。意外と。

■ で、この本なんですが

「いきなり宅建試験の受験勉強をはじめるのも、なんだかな」という方に向けて、宅建の受験勉強を始める前の 1 週間としまして、まずはウォーミングアップをしていただきたい。

意外と、世の中の前提をわかっていない方（高校時代に習ったはずだが忘れてしまった方）も多いようですので、

まずはウォーミングアップとして始めよう

1 日目：宅建試験の分析
2 日目：法律のしくみ
3 日目：法律用語の読み方
4 日目：民法の攻略法
5 日目：宅建業法の全体像
6 日目：広告関連の基礎知識
7 日目：ぶっちぎり合格法指南

無理なく、受験勉強をスタートできるよう「宅建受験勉強の事始め」として、初学者の方向けの「はじめの一歩」として書きました。

どうぞご活用ください。

そして7日目の次に、8日目以降として「For You あとがきに代えて」をネットで公開いたします。下記アドレスでお読みください。もちろん無料です。実際に受験勉強を始められた際、ご参考としていただければ幸いです。

インプレス書籍サイト　https://book.impress.co.jp/books/1119101127

ではみなさん。
憧れの宅地建物取引士に。

そして資格をとったら、しっかりカネを稼いでくださいね。
全力で応援しています。

合格に王道なし

合格のための心得・格言集

楽な道はないのだと心得よ

自分との戦いには勝利せよ。逃げるな

継続はチカラなり。毎日やれ

「仕事」を言い訳にする者から脱落する

年齢を言い訳にする者は見苦しい

へらへら笑ってごまかすな

合格した者だけがチヤホヤされる

惜敗するな。落ちたら価値なし

1日目

1 日目

宅建試験の分析

やればできる「宅建試験」だけど、まずはどんな試験なのかを理解しておこう。それから効率的な勉強方法を考えてみよう。でも油断は禁物。なんてったって20万人が受ける試験だ。20万人のうち上位15%の3万人が合格。とはいえ恐れることなし‼

POINT!

■ 宅建試験で出題される法律（出題項目）と出題傾向を理解しよう
■ 出題は50問。35点前後の得点で合格。合格率は15%程度だ。
■ 出題はマークシート方式。四肢択一。記述式は採用されていない。

1 宅建のススメ‼

 はい、ではあらためまして、これから宅建士の試験について、少しお話をしてみたいと思います。

 よろしくお願いします。

 あ、そうそう、すでにご存知の方もいらっしゃると思いますが。

 初心に返ってですか（笑）

 でね、この本なんだけど、『1週間で宅建士の基礎が学べる本』っていうことでね、「まったくはじめての超ド初学者」の人が読んでると思うので、宅建の受験勉強をするにあたって、そもそもどんな試験なのかを、ワーキャーたのしく伝授しちゃおうっていうことで。

 うれしいでーす。わたしにぴったり。

そうだよね。きみも「まったくはじめての超ド初学者」だもんね。ところで、またなんで宅建を受験しようって思ったの?

 えーとですね、なんか資格でもとってみようかなーって思って。

 つまり、なんとなく?

 ピンポーン。そうなんです。なんとなく。

 出たぁ〜、筆者のスクールである宅建ダイナマイト合格スクールでけっこう多いパターン(笑)。もちろん明確に「不動産業界で働くために」とか「不動産に興味があって」とか、あるいは「将来マンションを買いたいので不動産を勉強しておこうと思って」っていう人もいるよ。

 わたしみたいに「なんかやりたい」「自分を変えたい」みたいな動機の人も多いんですね。ちょっと安心。

 たとえば、ユーキャン。春先になるとテレビのCMとかやってるでしょ。いつも思うんだけど、さすがに上手に作ってあるよね。あのCM好きなんだよねー。

 あ、やってますよね、テレビCM。

 あのCMに盛り込んでいるメッセージがすばらしい。何年か前だったけど「もっと仕事で輝きたい」「もう一度、外で働きたい」「何かに、本気になってみたい」「それなりでいいのかな、私」という感じでね。

 でしたね。

 オチが「自分を変えたい、すべての人に」そして「今年こそ、資格」。

 せんせー。ステキ。

 いずれにしてもさ、「自分を変えたい」と思ってなにかにチャレンジするっていうのはいいよね。そのきっかけの一つとして「資格試験の受験」。それなりにたいへんなんだけど、でもね、合格すると、そりゃメッチャうれしいわけでね。

宅建ダイナマイト流にいうと「宅建に合格して、人生ドッカンと弾ませませんかぁ〜」ですよね。ホームページの合格体験記も読みましたぁー。励みになります。

 合格してくれてこっちもメッチャうれしい。そのための「宅建ダイナマイト」だもんね。だからどうもありがとうって、合格したみんなに感謝したい。

 わたしも合格したいです!!

 でね、世の中にいっぱいある「資格試験」なんだけど、なかでもなぜかこの「宅建」が人気でして。「宅建」とか「宅建士」っていうふうに呼んでるけど、正式名称は**「宅地建物取引士」**っていうんだよね。

 20万人くらい受験するって、ホントですか？

 そうなんだよ。ここ数年だと23〜25万人くらいが受験申込みして、うち受験者が19〜20万人くらい。けっこうな人数でしょ。ちなみに**宅建試験は年1回。例年10月の第三日曜日の13時〜15時。50問の出題で、35点前後が合格点。合格率は15%くらい**だよ。

▶ 例年の受験者数と合格率

申 込 者	約23〜25万人
受 験 者	約19〜20万人
合 格 者	約3万人
合 格 率	15%前後
合 格 点	35点前後（50問の出題）
メ　モ	ざっくり見ると20万人のうち、上位3万人が合格。合格点は、その年の問題の難易度により異なる。

▶ 宅建試験・受験案内

実施機関	宅地建物取引士資格試験は、宅地建物取引業法第 16 条の 2 に基づき、（財）不動産適正取引推進機構が国土交通大臣より指定試験機関として指定を受け、各都道府県の委任のもとに昭和 63 年度より試験事務を実施しています。 ＊ 試験日：例年 10 月の第 3 日曜日 ＊ 誰でも受験できます（年齢・性別・学歴等の制限は一切ありません） ＊ 詳細は http://www.retio.or.jp/index.html にて
電話番号	03-3435-8181
住　　所	〒 105-0001　東京都港区虎ノ門 3-8-2　第 33 森ビル
メ　　モ	各年の合格率・合格点につきましては宅建ダイナマイト合格スクールのホームページにアップしてあります。 http://t-dyna.com

2　宅建試験。質問と対策

 それではさっそく、宅建試験を"解体"しちゃおー♪。まずね、出題項目をみてみよう。見てのとおりだけど、ぜんぶで50問の出題だよ。

 なんかむずかしそう～！

宅建試験の出題内容

分野の表現	具体的な法令	問題番号	出題数
権利関係編	民法・借地借家法・不動産登記法・建物の区分所有等に関する法律	問1～問14	14問
法令上の制限編	都市計画法・建築基準法・農地法・国土利用計画法・土地区画整理法・宅地造成等規制法など	問15～問22	8問
宅建業法編	宅地建物取引業法	問26～問45	20問
その他・諸法令など	所得税・登録免許税・印紙税・不動産取得税・固定資産税など	問23～問24	2問
	地価公示法か不動産鑑定評価	問25	1問
	住宅金融支援機構・景品表示法・住宅着工統計など（免除科目）	問46～問50	5問
	宅地・建物の形質など（免除科目）		

注）宅地建物取引業に従事している方で、所定の講習課程（登録講習）を修了し、講習修了者証の交付を受けた方は、問46～問50の5問が免除され、全45問での試験実施となります。

例年の合格率と合格点の推移（50問中）

平成5年	6年	7年	8年	9年	10年	11年	12年	13年
14.4%	15.1%	13.9%	14.7%	14.1%	13.9%	15.9%	15.4%	15.3%
33	33	28	32	34	30	30	30	34

14年	15年	16年	17年	18年	19年	20年	21年	22年
17.3%	15.3%	15.9%	17.3%	17.1%	17.3%	16.2%	17.9%	15.2%
36	35	32	33	34	35	33	33	36

23年	24年	25年	26年	27年	28年	29年	30年	令和元年
16.1%	16.7%	15.3%	17.5%	15.4%	15.4%	15.6%	15.6%	17.0%
36	33	33	32	31	35	35	37	35

 50問を2時間で解くんだよね。

 えーと、1問あたり、2分ちょっとですか。

 そうそう。3分かけちゃうと150分でタイムオーバー。だから早く正確に読めるようにしとかないとね。問題文自体はバリバリの**"法令用語オンパレード文章"**であるため、読みなれていないと一苦労。

 だいじょうぶかなぁ……。

 おう、そのためにね、参考書とかがあるわけだし（笑）。そのうちわかると思うけど、「時間がなーい（泣）」という方のほとんどが練習不足。あえて勉強という言葉は使わないでおこう。問題を解く練習。練習さえすればだいじょーぶ。

 で、せんせー、出題形式は「**四肢択一**（ししたくいつ）」なんでしょ。4つのなかから正解番号を選んでマークシートに記入っていうパターンみたいなこと、聞いたんですけど。

 そうだよ。記述式とかじゃないから、受験しやすい形式なんだよね。四択（よんたく）だから、なんか当たりそうな気もするし。まぁそんなところも人気のヒミツの一つかもね。

「正しいものはどれか」とか「誤っているものはどれか」っていうふうに聞いてくるんでしょ。

そうそう。だからさ、「正しいものはどれか」っていうんだったら、選択肢の1つだけが正しくて、あとの3つは間違っているわけよ。その正しいことが書いてある選択肢の番号を解答用紙にマークする。「誤っているものはどれか」だったらさ、こんどは間違っているのが1つで、正しいのが3つってワケだ。

なんかそれ間違って読んじゃうとたいへん！

そのとおり。だから、まずね「正しいもの」を選ぶ問題なのか「誤っている」のを選ばなきゃいけないのか、まずちゃんと自分でわかっておかなきゃいかんのよ。だからね、まぁ、次の問題例のように、問題文を読んだときに選択肢に○か×をつけておくことだね。

Q 問 題 例 〔平成29年 問30〕

宅地建物取引業法（以下この問において「法」という。）の規定に関する次の記述のうち、誤っているものはどれか、なお、この問において「登録」とは、宅地建物取引士の登録をいうものとする。

× 1 宅地建物取引士A（甲県知事登録）が、甲県から乙県に住所を変更したときは、乙県知事に対し、登録の移転の申請をすることができる。

○ 2 宅地建物取引業者B（甲県知事免許）が、乙県に所在する1棟のマンション（150戸）を分譲するため、現地に案内所を設置し契約の申込みを受けるときは、甲県知事及び乙県知事に、その業務を開始する日の10日前までに、法第50条第2項の規定に基づく届出をしなければならない。

○ 3 宅地建物取引士資格試験合格後18月を経過したC（甲県知事登録）が、甲県知事から宅地建物取引士証の交付を受けようとする場合は、甲県知事が指定する講習を交付の申請前6月以内に受講しなければならない。

○ 4 宅地建物取引業者D社（甲県知事免許）が、合併により消滅したときは、その日から30日以内に、D社を代表する役員であった者が、その旨を甲県知事に届け出なければならない。

A 正解1

単に住所を乙県に移転しただけじゃ、登録の移転はできないよね。
乙県の事務所の業務に従事するんだったら、できるけどね。

 ところでせんせー、1から4の選択肢のなかで、どの選択肢が多いの？

 えっ、なにが？

答えになっている番号。迷ったらそれにしちゃおうかなと思って。

　あぁーなるほどね。どの番号が多く正解になっているのか気にもなるもんね。じゃあね、とりあえず、この表をどうぞ。見てのとおりなんだけど、極端に多い正解番号っていうのもないんだよね。

	令和元年	平成30年	平成29年	平成28年	平成27年	平成26年	平成25年
1 が正解	13	11	11	12	11	11	10
2 が正解	11	12	11	12	12	12	14
3 が正解	12	14	13	13	13	15	12
4 が正解	14	13	15	13	14	12	14
計	50	50	50	50	50	50	50

　あ、ほんとだー。あえて探せば1が少ないかなぁ〜でも、少ないっていっても……。

　あとね、正解の番号なんだけど、たとえば「4・1・4・2・3」とか「3・2・4・1・3」とか、けっこうバラけて並べてある。

　あ、じゃあたとえば「2」がずーっと続くとかは？

　ないってことはないけど、せいぜい3つくらい。多くても4つ。

　ふーん、そうなんだー。じゃ、ヤマカンで当てるのってけっこうしんどいかなー？

　そりゃしんどいでしょ。

　じゃあ、試験を解き終わってから、1から4が何個ずつあるかなって数えてさ。

　はい。

　あれ、3が5個くらい足りないなぁーっていうふうになったら、多い番号を消して3にするとか。そういうのってどうかしら？

あぁー、まぁ気持ちはわかるけどね。ただせっかく出した解答番号を変えるっていうのはやめておいたほうがいいかもね。それが当たってるかもしれないしね。

 ……ですよね。

 意外とね、第一印象が当たっていることが多いような気がする。とりあえず選択肢2つで迷ったら、直感を信じろ。

 直感ですかっ!!

 うん。あのね、選択肢の全部がわからないということはあんまりないんだよ。2つの選択肢で迷うことになるかな。そんなときはさ、思い切って最初に「正解だ」と考えた選択肢で勝負しちゃう。

 どきどきっ!!

 とりあえず、自分を信じろ。直感を信じろ!

 ……。

 あとはね、やっぱり、正解を取り換えるのは慎重にしたほうがいいなぁー。でもね、さっきの話に戻るけど、試験の最中に「正解番号を取り換えよ」と悪魔がささやく。見直しをしているときに、必ず悪魔がやってくる。

 キャー、やだぁー。

 こんなとき、安易に悪魔に魂を売るな。ひとたび自分の直感を信じて解答したら、よほどの根拠がない限り正解番号は取り換えるな、ってね。

 だいじょうぶかなぁ……?

 そのうち、時期になったら模擬試験とか受けるだろうから、ちょっと自分で試してみたらどうかな。

 はい、そうですね……。

それでね、試験当日、「やばい時間がなぁーい」みたいなことになっちゃってさ、終了間際にまだ5～6問くらい残ってたらどうする？

 えっ、えぇーーー !!!

 そんな緊急事態のときは、当てずっぽうで2だ3だとかやらないで、全部同じ番号にマークする。3だったら3。4だったら4。「1 3 2 4 3 2 1」とかやらないで「3 3 3 3 3 3」とか「4 4 4 4 4 4」とマークする。

 はいっ !!!

 するとね、1問は当たるよ（笑）

👀 **他の資格試験の受験状況**

　不動産系の資格でみると、受験者数は〔不動産鑑定士：約2,000人〕、〔マンション管理士：約1万8,000人〕、〔管理業務主任者：約2万3,000人〕など。

　そこそこ名の知られている資格でみても〔行政書士：約8万人〕、〔社会保険労務士：約7万人〕など。

　ちなみに宅建試験より受験者が多い資格はどんなのがあるかというと、〔簿記：約60万人〕、〔ファイナンシャルプランナー：約38万人〕など。いずれも1年に複数回試験のある資格だ。

宅建試験の概要

受 験 資 格	特になし（誰でも受験できる）
実 施 機 関	（財）不動産適正取引推進機構
試験実施日	例年 10 月の第 3 日曜日
出 題 形 式	50 問の出題で四肢択一形式
＊宅建業に従事している方で所定の講習を受講した方は 45 問（5 問免除）にて実施	
受験申込者数	約 23 万人
受 験 者 数	約 19 万人
合 格 者 数	約 3 万人
合 格 率	15％前後
合 格 点	35 点（免除者は 30 点）前後
＊その年の問題の難易度による	
合 格 発 表	例年 12 月の第 1 水曜日

参 考 「宅地建物取引士」になるまで

◆ **試験合格**

↓

◆ **資格登録** （試験合格地の都道府県知事）

＊実務経験**2年以上**あればすぐに
登録できる。
実務経験がない場合は「登録実務
講習」というのを受講する。

◆ **宅地建物取引士証の交付**

＊**宅地建物取引士**の交付を受けれ
ば「宅地建物取引士」となる。

Column

法令集は買うべきか？

宅建の受験勉強を始めるにあたり、たまにこんなご質問をいただくことがあります。

六法（不動産六法）を買ったほうがいいのでしょうか？

もちろん、そんな法令集を買おうだなんて思っていない方のほうが多いんですけど（笑）
まぁたしかに、宅建試験っていうのは「法律」の試験ですからね。
となると、法令集を手元に置いておいたほうがいいんじゃないか。
受験勉強に役立つのではないか。
そんなようなことを思う方もいらっしゃるかと。

結論から申し上げますと、とりあえずは買わなくてもいいんじゃないかなと所感しております。

といいますのも、市販されているものを含め、宅建受験用の教材は、宅建試験での出題項目をふまえた上で、条文を組み込んだ形で編集されています。
つまり、それらのテキストには法令（条文）をベースにした解説が掲載されているわけだから、それを読んで理解しておけばよいということになります。
わざわざ法令集を買う必要はありません。

でもね。
受験勉強の量をこなしているうちに、「もしかしてちょっと上級者になったかな」という自覚が芽生えたあなた。

ぜひ買ってください。
読んでみてください。
原点に触れてみてください。
紙面の関係がありますので、詳細を述べることはできませんけど、もっと深いところから、ちょっとした興奮を得ることができると思います。

せっかく法律を勉強しているんだから、ぜひ。
他の法律系の資格にチャレンジするときに、きっと切り札となるかも。

2日目

法律のしくみ

宅建試験は法律の試験なので、まずは「法律」になじんでみよう。
そもそも法律はどうやって作られるのか、立法された法律は誰に
適用されるのか、などなど、高校時代に習ったかもしれないけど、
そのあたりを基礎知識として復習してみよう。

POINT!

■ 宅地建物の取引に関する法律が出題される。
■ 法律、政令、省令の関係を理解しておこう。
■ 裁判のしくみも見ておこう。判例なども出題される。

---

1 受験勉強をはじめる前に。まずは基礎知識

実際に宅建試験の受験勉強を始める前にだね、ちょこっとだけ、「世の中のしくみ」みたいなことをおさらいしておこうかなと。

世の中のしくみですか？

そうそう。「世の中のしくみ」というとちょっと大げさかもしれないけど「法律」っていったって、そのしくみのなかにあるわけだからね。

そうですよね、そういわれてみれば。

で、宅建試験の受験勉強でやることって、結局は「法律」でしょ。民法だ宅建業法だ、それから都市計画法やら建築基準法やら。

そうなんですよ。はじめは知らなかったし。っていうか、何にも考えずに、「宅建、宅建」って盛り上がってる今日このごろですが（笑）

あっはっは。だからさ、宅建試験っていうとね、意外と実務的な知識の試験かなって思っている人もいたりするんだよね。

 ヒトのこといえなーい。

 そう。たとえば「物件価格の査定のしかた」とか「物件調査のテクニック」、あとは「不動産の運用・コンサルティング」だとか、もう一歩踏み込んで「不動産会社の経営・営業方法」だとか。

 いちばん最初は、そんなふうなイメージもっちゃう人っていっぱいいるかも。あ、自己弁護じゃないですけど（笑）

 で、いざフタをあけてみたら、「あらま、法律を勉強するのか」みたいな。

 そうそう、そうなんです。民法とかいきなりいわれても「民法ってなに？」っていう感じで。

 あと直接の出題はないけど、法律っていえば、ほかにも憲法とか刑法とかもあるでしょ。とはいえ、憲法と民法の関係とか、特に知らなくてもいままでの日常生活、まったく困ることもないしね。ふだん法律なんてあまり意識してないもんなー。

 そうですよね。んー、たとえば刑法っていわれたら、懲役とか、そんなふうなことはイメージできるんですけど。でもたしかに、法律なんて意識してないです。

 多くの受験生がそうだと思うんだよなー。だから急に「今日から法律の勉強をがっちり始めます」とか「さぁ条文をしっかり読みましょう」とか言っても、そりゃ、ちょっとねー。

 「そもそもなんなのか」がわかんないと、イメージもしにくいかも…。

 ちなみにさ「そもそも法律ってなに？」とか「法律って誰がどうやって作るの？」なんて聞かれたら「えぇーっ」と戸惑ったりしない？

 します、しますよぉー。

まぁ、そんなこともあるもんだからね。それにこの講座って「超初学者のための超超超入門」っていう位置づけでしょ。だからね、そもそも「世の中のしくみはどんなふうになっているのか？」とか、「そもそも法令ってなんだ？」「どんな種類があるのか？」みたいなこともちょこっと触れておこうと思います。

 宅建試験で登場する法律を勉強する前の「まずは基礎知識」みたいな感じですか？

 そうそう、そんな感じでね。かるーく、やってみましょ。

2 そもそも法令には、どんな種類があるの？

 さて問題です。現在、世の中に法律はいくつくらいあるでしょーか。

 まったくわかりません。見当もつきませぇーん。

 だよね（笑）。ちょっとネットで調べてみたんだけど、1900くらいあるみたいだよ。

 へぇー、そんなにあるんですかぁー。……って驚いてみましたけど、じつはぜんぜんピンときてません。

 だよねー。えーとね、総務省が運営しているe-Gov法令検索によると、次のとおりです。（平成29年6月26日現在）

公開時の法令数内訳

法令種別	数	ワンポイント
憲　法	1	国の最高法規
法　律	1954	国会で定める
政　令	2098	内閣が定める命令
省　令	3690	各省大臣が発する命令

宅建試験で登場する法律たち

 この 1900 くらいある法律のうち、宅建試験で登場する法律はこんな感じかな。もういちどおさらいしておくと。

宅建試験に登場する法律

おさらい

● 権利関係編
　民法、借地借家法、建物の区分所有等に関する法律（区分所有法）、不動産登記法

● 宅建業法編
　宅地建物取引業法

● 法令上の制限編
　都市計画法、建築基準法、国土利用計画法、宅地造成等規制法、農地法、土地区画整理法など

● その他法令・税編
　地価公示法、税法、不当景品類及び不当表示防止法（景品表示法）、住宅金融支援機構法など

 宅建試験で登場する法律って、ずいぶんあるんですねー。

 まぁね。っていうか、逆にいうと、こういった法的な専門知識が「宅地建物の取引」に必要だっていうことなんだよね。

 なるほどですねー。そんな高度な専門知識を身につけて、合格率 15% の資格試験を突破してきたのが、じゃじゃーん、宅建士でーす（笑）

 でね、さっきの表をみてもらうと「法律」のほかに、「政令」「省令」っていうのがあるでしょ。

 あ、はい、あります。

 とりあえず、ここで「法律」と「政令」「省令」の関係を説明しておくね。宅地建物取引業法を例にとると、こんな感じ。

法律	**宅地建物取引業法**……国会で定める
政令	**宅地建物取引業法施行令**……内閣が定める命令
省令	**宅地建物取引業法施行規則**……国土交通大臣が定める

 法律 はいいとして 政令 にあたるのが宅地建物取引業法施行令。省令 が宅地建物取引業法施行規則。

 ……なんかむずかしそう。

 あーゴメンゴメン。実際に受験勉強をするにあたって「法律や政令を調べろ」っていうことじゃなくて、まぁこのあたりは上手に教材に書いてあるからだいじょうぶ。いまはね、ちょこっと「しくみ」を説明しておきます。

 はい、わかりました。だいじょうぶです。

 法律 は、国会で制定されるものなんだけど、じつはね、具体的な内容や細かいところまで規定してなかったりするのよ。じゃあ法律で規定しきれなかった細かいところや具体的な内容はどうするかというと、政令 や 省令 に任せているんだ。

 なるほどね。

 じゃあさ、ためしに宅地建物取引業法の**「営業保証金の供託」**という規定を見てみよう。宅地建物取引業者は、実際に開業する前に、一定額の営業保証金を用意（供託）しておきなさいよ、というお話です。

法律 宅地建物取引業法

 第25条（営業保証金の供託等）

> ① 宅地建物取引業者は、営業保証金を主たる事務所のもよりの供託所に供託しなければならない。
>
> ② ①の営業保証金の額は、主たる事務所及びその他の事務所ごとに、宅地建物取引業者の取引の実情及びその取引の相手方の利益の保護を考慮して、【政令】で定める額とする。

 あ、 政令 っていうのが出てきました〜。んーと、具体的な金額は 政令 で決まっているっていうことですよね。

 そうそう。さっきもいったけど、法律自体はけっこうおおまかなんだよね。法律の条文だけ読んでみても、具体的なことはわからん。具体的な中身、この営業保証金制度だと「金額」なんだけど、この条文に対応する 政令 のほうに書いてある。

 せんせー、またなんでこんなメンドくさいことになっているんですか？ 法律で決めとけばいいと思うんですけど……。

 おぉー素朴なギモン。たしかにね。えーとね、なぜこんなややこしい仕組みになっているかというと、法律を作ったり改正したりするのって、スゴークたいへんなんだよ。ものすごい手間と膨大な時間がかかる。

 へー、そうなんですか。

 だからね、時代に応じてルールを動かすほうがいい内容とか具体的で細かい話はさ、改正しやすい政令とか省令で定めておくのよ。

 なるほどね。じゃあせんせー、この条文に対応する 政令 を見てみましょうよ。

政令　宅地建物取引業法施行令

条文　**第2条の4（営業保証金の額）**

> 営業保証金の額は、主たる事務所につき 1,000 万円、その他の事務所につき事務所ごとに 500 万円の割合による金額の合計額とする。

えーと、主たる事務所（本店）で 1,000 万円、支店（その他の事務所）を出すんだったら、1ヶ所につき 500 万円。その合計額を用意して供託する。そういうことですよね。

そうそう。ちなみにね、営業保証金の額が「1,000 万円・500 万円」になったのは昭和 63 年から。それ以前は「300 万円・150 万円」だったよ。

前の **政令** ではそういう金額だったと。

うん、そう。その後改正されて、いまの金額になったと。まぁこんな感じです。とりあえず **政令** を取り上げてみたけど **省令** もおんなじような関係だよ。

3　ところで法律って、誰が作るの？

じゃあ、せっかくだから、法律ができるプロセスをみておこう。こんなことはさ、こういう機会じゃないと考えもしないしね。あ、そうだ、そうそう、あのさ「**三権分立**」っていうの、知ってる？

> **三権分立**（さんけんぶんりゅう・さんけんぶんりつ）
> **立法権**：法律を作る権限。国会が持つ。
> **行政権**：法律に従って政治を進める権限。内閣が持つ。
> **司法権**：法律違反を罰したりする権限。裁判所が持つ。
>
> ＊さきほどの「法律」と「政令・省令」の関係をこれに当てはめてみると、「法律」は国会で定め、「政令・省令」は行政機関が定めているという形になる。

えーと、高校くらいでやったかなぁ……。もちろん、すっかり忘れてますけど（笑）

 だよね。じゃあさ、首相官邸のホームページに「for Kids」っていう子ども向けのがあるから、ちょっと見てみようぜ。

● ホームページ「首相官邸 for Kids」より引用
https://www.kantei.go.jp/jp/kids/shakai.html

 ミミズク博士といっしょに社会科を学ぼう！！

  さんけんぶんりつってナニ？

博士：国の権力を、法律を定める「立法権」、法律に沿って政治を進める「行政権」、法律違反を罰したりする「司法権」に分けて、それぞれを、別の機関が分担する仕組みじゃよ。

Kids：何でわざわざ分けているの？

博士：権力が一か所に集まると、行き過ぎを止められなくなるからじゃ。例えば、昔、ヨーロッパの多くの国で、王様が大きな力を持っておってな、自分の好きなように社会のルールを決めたり（立法）、国民に重い税を課したり（行政）、自分に逆らう人をろう屋に入れたり（司法）して、国民を苦しめておったんじゃ。

Kids：ふーん。1人の人が力を持ちすぎると、好き放題にできちゃうんだね。

博士：そのとおり！　そこで、国民の権利利益を守るため、権力が一か所に集まらないように、「三権分立」という仕組みがつくられたんじゃ。

 ということで、お子様向けサイトで **「三権分立」** をおベンキョーしてみましたけど。

 わかりやすい。

よって、法律を作る権限があるのは国会。「国の唯一の立法機関である」と憲法第41条で定められているのよ。つまり国会を通さないで他の国家機関が勝手に法律を作ることはできないっていうことだよね。

●法律ができるプロセス

法律案を国会に提出	①内閣（各省庁）による提出 ②議員による提出（議員立法） ・衆院議員提出→ 20 人以上の議員の賛成が必要 ・参院議員提出→ 10 人以上の議員の賛成が必要
審　議 （委員会制）	各議院の本会議の議決に先立ち、政策の分野ごとに設置されている委員会で法律案の審査をする。委員会での審議のあと、本会議での審議となる。
議　決	各議院の本会議で可決されると、法律として成立する。

 せんせー、たとえば、なんですけど。

 はい、なんでしょ。

 衆議院で可決されたけど、参議院ではダメだったっていうこともありますよね。

 そうだね。そういうこともあるよね。衆議院も参議院も与党が多数を占めていれば、まぁ問題なく法案は通過するけど、ねじれ国会だと、ちょっとやっかい。

 あ、ねじれ国会っていうの、聞いたことあります。衆議院は与党が過半をしめているんだけど、参議院は野党勢力のほうが多いとか、そんな場合でしたっけ？

 そうそう。となるとさ、衆議院と参議院で異なる議決をすることは十分ある。そんな場合はどうなるかというと、衆議院が優越するんだ。

> **衆議院の優越とは**
>
> 衆議院で可決された法案が参議院で否決された場合はどうなる
> かというと、このままでは法案は不成立。そんな場合、憲法上「衆
> 議院の優越」というのが認められているので、衆議院で3分の
> 2以上の多数で再び可決すれば法律となる。しかし実際問題、
> 衆議院で3分の2の多数を占めるのはかなり難しい。

4 それで、この法律は誰に適用されるの？

 さて、そんなプロセスを経てできあがった法律なんだけど、果たし
てこの法律、誰に適用されるんでしょうか。言葉を置き換えれば「誰
に対して書かれた強制的な命令なのか」と。そんなことを、ここで
またちょこっと触れておきましょう。

 せんせー。むずかしくない？

 うん、ぜんぜん。むずかしくないよ。その法律が誰に対しての命令
なのか、誰を対象としてる法律なのかをカンタンに判別する方法と
して、「その法律に違反できるのは誰か」っていうような見方をして
みるといいよ。んーと、じゃ、宅地建物取引業法で考えてみようか。

 条文 宅地建物取引法 第31条（業務処理の原則）

> 宅地建物取引業者は、取引の関係者に対し、信義を旨とし、誠実に
> その業務を行なわなければならない。

 この法律は、誰を対象としているでしょうか。この規定に違反でき
るのは誰でしょうか。

えーと、「宅地建物取引業者」ですよね。

 そうそう。この法律は、たとえば旅行会社さんとか一般消費者とかを対象とはしていないよね。まぁそんなことを考えつつこれから勉強していくといいかもよ。じゃあさ、民法はどうでしょ？　さっきの条文をもう一度もってこよう。

 条文　**民法**　**第731条（婚姻適齢）**

> 男は、満18歳に、女は、満16歳にならなければ婚姻をすることができない。

※ 2022年4月より男女ともに「満18歳」となります。

 これは、全員ですか？

 だよね。日本国民全員に対して適用すると。だっておかしいもんな、ウチの地方は15歳で結婚できますよ、なんていうことだとね。ということで、**民法は国民全体に対して書かれた法律**っていうわけさ。えーと、こんな規定もそうだよね。

条文　**民法**　**第604条（賃貸借の存続期間）**

> 賃貸借の存続期間は、50年を超えることができない。契約でこれより長い期間を定めたときであっても、その期間は、50年とする。

 賃貸借の期間かぁ〜。へー、こんなのも規定されているんですね。これも日本国民全員に対してのものですよね。

 そう。賃貸借をするときの期間。最長でも50年としてねということ。じゃあ、これはどう？　借地借家法なんだけどね。借地や借家のときの特別ルール。

条文 〈借地借家法〉 **第 29 条第 2 項（建物賃貸借の期間）**

> 民法第 604 条の規定は、建物の賃貸借については、適用しない。

 ん？ 「建物の賃貸借」には適用しない？

 世の中で行われるいろんな賃貸借のうち「建物の賃貸借」についての規定だよ。つまり「建物の賃貸借」については、民法の「期間は最長でも 50 年としてね」という規定は適用しません。借地借家法はそういうことをいってるよ。

 となると、せんせー。最長期間はどうなるんですか。

 お好きにどうぞ。たとえば「建物の賃貸借の期間は 70 年とする」という契約でもオッケー。まぁこういうふうにね、「一般的にはこうだけど、特別の場合はこうするよ」という決め方も多い。

 へぇー、そんなのもあるんですねー。

 そうそう。なのでね、民法は一般法（一般的ルール）、借地借家法は特別法（特別ルール）というような呼び方もするよ。民法と区分所有法の関係もおんなじです。

> 民　法 ……… **一般法**（一般的ルール）

> 借地借家法 ……… **特別法**（借地や借家をするとき）
> 区分所有法 ……… **特別法**（分譲マンションでの権利関係）

5 ついでだから、裁判のしくみも

ついでだから、裁判のしくみもね。裁判所の役割とか。宅建試験でも「裁判所」がらみの話がけっこう多かったりします。

地方裁判所とか最高裁判所とか、聞いたことはありますけど。

うん。そうしたらさ、ざっくりと裁判所と裁判のしくみをまとめておこう。まずね、裁判所には、「**最高裁判所**」と、「**高等・地方・家庭・簡易裁判所**」の４種の下級裁判所がある。

３審制っていうんでしたっけ？

そうそう。間違いがあってはいけないので、原則として、１つの事件について３回まで裁判を受けることができるんだよね。

第三審 最高裁判所（１ヶ所・東京）

↑ 上告……控訴審の判決に不服のとき

第二審 高等裁判所（８ヶ所）

↑ 控訴……第一審の判決に不服のとき

第一審 家庭裁判所・簡易裁判所・地方裁判所

地方裁判所（50ヶ所）……ふつうの事件の第一審

家庭裁判所（50ヶ所）……家事審判や家事調停、少年事件を裁判

簡易裁判所（438ヶ所）…小額軽微な事件を裁判

6 刑事と民事は何がちがうの？

 そういえば、刑事裁判と、民事裁判っていうのがあるでしょ。ちがいって、わかる？

 んー、なんか、ビミョー（笑）

 えーと、じゃあまず「**民事裁判**」のほうから。金銭の支払いなどをめぐる民間人同士のトラブルを、民法・民事訴訟法などによって裁く裁判。戦いの構図は【民間人】VS【民間人】。双方とも弁護士を立ててワーキャーやる場合が多い。結局のところ「カネ」をめぐるゴタゴタなので、最終的には「カネを払う」「カネに換算できる財産を渡す」みたいな形で落ちつく。

 ふむふむ。了解です。

 「**刑事裁判**」のほうは【国家】VS【民間人】という形。法律に違反すると罰金や懲役などの刑罰を課されるものがいくつもあって、その適用を受けるものが刑事事件。その犯罪を裁く場所が刑事裁判。刑法や刑事訴訟法などによる。

 「**刑事裁判**」のほうは【国家】VS【民間人】ですか。あ、またここでも国家がっ‼ 刑罰は国家が課すんですか？

 そうだよ。死刑とかね。国家権力で殺しちゃうんだもんね。

 ……ですよね。

 ついでだから、さっきの三権分立の話をここで復習しておこう。法律を作るのはどこだっけ？

 国会です。

 そうだね。じゃあさ、たとえば刑法。刑法第199条（殺人）には「人を殺した者は、死刑又は無期若しくは5年以上の懲役に処する」って書いてある。まぁ見たことはないだろうけど。

はい、見たことありません。

それからね、刑法第235条（窃盗）には「他人の財物を窃取した者は、窃盗の罪とし、10年以下の懲役又は50万円以下の罰金に処する」と。ここで質問。刑法自体に、「人を殺してはいけません」「他人のものを盗んではいけません」って書いてあるでしょーか？

えぇーっ、せんせー、書いてあるでしょ!!

書いてないよ。書いてないんだから、他人のものを盗んだとしても、刑法違反とはならない。

んー、なんかちょっと、へん!!

じゃあさ、さっきの話みたいだけど、刑法に違反できるのは、誰だと思う？

ぜんぜんわかりません……。

裁判官だよ。刑法はね、裁判官を縛るための法律というふうに考えてみる。たとえばさ、殺人を犯した人に気の毒な事情があったとしよう。だからといって「懲役2年に処す」みたいなことができるかと。

……ダメなんですか？

ダメでしょ。だって刑法には「死刑又は無期若しくは5年以上の懲役に処する」って書いてあるんだから、この範囲での判決じゃなきゃダメでしょ。おなじく窃盗罪のほうで、死刑なんていうのもダメよ。

あぁーなるほどねー。

つまりね、どれを犯罪とするか、刑罰はどうするかっていうことを法律にあらかじめ書いておく必要があるんだ。こういう考え方を「罪刑法定主義」っていうんだよね。「法律なければ犯罪なし、法律なければ刑罰なし」っていったりもする。

そっかぁー。法律は国会で作って、裁判は裁判所でするって、こういう意味だったんですね。

そう。国家権力を法律で縛る。そういう形にしておかないと、その昔の専制君主の国家みたいになっちゃってさ、強烈な支配者が支配体制を保つために、勝手にルールを作って政治的反対者を捕まえ、そして処罰したりしちゃうこともありうると。そんなふうに国家権力が濫用されちゃうおそれもある。

そうですね、そんな国だと、安心できないですよね。

そんなこんなで三権分立。要は国家権力から個人を守ろうっていうワケさ。

7 判例ってなによ？

話を戻して、宅建試験で出題される民法編の問題なんだけどね。

はい、なんでしょ？

判例っていうのが出題されることが多いんだよね。

……ん、なんですか？ はんれい？

あ、具体的にいうと、こんなふうな問題文になるんだけどね。判例っていう文字を□□□に入れてみたよ。

> **Q 問題例**　〔平成25年　問1〕
>
> 未成年者に関する次の記述のうち、民法の規定及び**判例**によれば、正しいものはどれか。

えーと、この問題を解くにあたって、民法の規定と、この**判例**っていうのを照らし合わせて考えろっていうことですよね。

そうそう。そうなんだよ。でね、この**判例**っていうのはいったい

なにか。はじめて見たり聞いたりする人も多いだろうから、カンタンに触れておこう。えーと、まず字のとおりなんだけど。

 裁判の事例っていうことだから、判決の例とか？

 まぁそんな感じ。コムズカシクいうと「のちの判決の先例となりうるもの」ということ。要は、ある事件についてなされた一つの判決が、その後の裁判に影響を及ぼすというわけです。似た事件がおこった際、裁判官は前の事件の判例に従って、おんなじような判決を下すと。

 へぇー、そんなしくみもあるんですか。

 とくにね、最高裁判所の判例かな。それが「先例」となっててさ、最高裁判所自身の裁判も、それから地裁や高裁などの下級審の裁判も拘束しているんだよね。

 その判例って変えられないんですか？

 いや、変えられるんだけど、めんどうなんだよね。最高裁判所自身が自己の判例を変えるには、まず大法廷を開き、そして過半数の同意を得るなど、ハードルがけっこう高い。だからね「最高裁判所が判例を変える」みたいな動きがあると、ニュースになったりしてるでしょ。

 たとえばせんせー、地裁の裁判官が、判例とは異なる判決をしたりしないの？

 たまにするよ。で、どうなるかというと、敗訴した側が控訴・上告し、その結果、ほぼ下級審の判決は覆されちゃう。となるとさ、裁判官もさ、よほどのことがない限り、最高裁判所の先例、つまり判例に従わざるを得ないと。

 んー、なんていうか、時代の動きに合わせにくいというか、まー、慎重といえば慎重なんでしょうけど……。

 あとはね、条文の不備を補うっていう面もあってね。なんてったってさ、たとえば民法なんて制定されたのは明治時代で、もちろん足

りない部分や時代にあってない部分を改正したりしているけど、それに加えて判例がカバーしていると。

8 地方公共団体の条例ってなに？

 この章の最後として、地方公共団体や地方公共団体の条例について。地方公共団体っていうと……。

 都道府県とか市町村のことですか？

 そうそう。えーとね、宅建試験でもね、法令上の制限編という分野で、都市計画法とか建築基準法をやるときに、「地方公共団体の条例」がどうしたこうしたっていうのが出てきたりするんだよね。

 条例 って、はい、なんか聞いたことあります。

 そうでしょ。でもさ「条例ってなに？」とか「誰がどうやって定めるの？」なんてことを聞かれたら、例によってドギマギするもんね。

 はい、おっしゃるとおりでございまぁーす。

 なので、そのあたりをちょろっと触れておきましょう。 条例 とは、地方公共団体が議会の議決を経て自主的に定める法規でありまして、憲法でも**「法律の範囲内で条例を制定できる」**とされてます。

地方公共団体の種類

① **普通地方公共団体** …… 都道府県と市町村	
② **特別地方公共団体** …… 特別区（東京23区）など	

 条例 っていうのは、その地方公共団体での法律みたいなもんですか？

 そうだね。地方議会の過半数で可決するんだよ。宅建試験で出てくる「条例」は、次のような感じです。

条文 《建築基準法》 **第56条の2（日影規制による建築物の高さの制限）**

> 日影規制は、地方公共団体の 条例 で指定する区域において適用される。

条文 **第69条（建築協定）**

> 市町村は、土地の所有者及び借地権者が建築協定を締結することができる
> 旨を、 条例 で定めることができる。

条文 《都市計画法》 **第58条（風致地区内における建築等の規制）**

> 風致地区内における建築物の建築、宅地の造成、木竹の伐採その他の行為
> については、政令で定める基準に従い、地方公共団体の 条例 で、都市の
> 風致を維持するため必要な規制をすることができる。

 はい、そんなわけで、地方公共団体の条例に話を戻して、えーと、
神奈川県・逗子市の条例なんか、どうでしょ？

新聞記事で
お勉強

> 「海の家」クラブ化規制
> 神奈川・逗子市
> 「日本一厳しい」条例案
>
> 《記事概要》
> 「海の家」のクラブ化など治
> 安悪化を受け、神奈川県逗子
> 市は28日、逗子海水浴場での
> 入れ墨露出や海の家以外での
> 飲酒禁止などを盛り込んだ条
> 例改正案を2月4日開会の市
> 議会定例会に提案すると発表
> した。平井竜一市長は「日本
> 一厳しい条例案」と位置づけ、
> 「家族で楽しめるビーチを取り
> 戻す」と語った。（2014年1月28日
> 産経新聞）

 へぇー、日本一厳しい条例案ですか。どんな条例案なんでしょ？

 新聞記事によるとだね。

✓ オーディオ機器などによる音楽の禁止

✓ 海の家以外の砂浜などでの飲酒禁止

✓ 砂浜でのバーベキューの禁止

✓ 入れ墨（タトゥー）の露出の禁止　など

 ということは「ビーチでお酒は飲んじゃダメ」「音楽を流しちゃダメ」っていうことですか？

 そうだね。背景には度が過ぎたドンチャン騒ぎがあったみたいでさ。毎年夏の海水浴シーズンに、海水浴客が大音量で音楽を流したり、音楽イベントが開かれたりして、周辺の住民からも苦情がバンバン。

 真夏のビーチで音楽がガンガンかかれば、そりゃワーキャー踊りまくり。

 そんな「クラブ化」がすごかったらしい。

 だから記事のタイトルが『「海の家」クラブ化規制』なんですね。

 真夏にさ、水着の男女入り乱れてそんな騒ぎになれば、飲酒だナンパだとね、もう風紀は乱れまくっちゃうもんな。

 真夏のビーチですもんね。ある程度は盛り上がりたいかなぁ〜。

 かくして、逗子のビーチに平穏が戻るでしょうか。条例には罰則の規定は設けられないみたいなんだけど、度重なる注意に従わない場合はビーチからの退去を求めることもあるそうです。

宅建試験で登場する法律

● **権利関係編（50問中 14問）**

民法、借地借家法、建物の区分所有等に関する法律（区分所有法）、不動産登記法

● **宅建業法（50問中 20問）**

宅地建物取引業法、住宅瑕疵担保履行法

● **法令上の制限編（50問中 8問）**

都市計画法、建築基準法、国土利用計画法、宅地造成等規制法、農地法、土地区画整理法など

● **その他法令編（50問中 5問）**

地価公示法、税法、不当景品類及び不当表示防止法（景品表示法）、住宅金融支援機構法など

＊ **法律以外での出題（ 3 問）**

宅地建物の需給統計等、土地・建物の形質等

◆ **判例とは**

のちの判決の先例となるもの。ある事件についてなされた一つの判決が、その後の裁判に影響を及ぼす。似た事件がおこった際、裁判官は前の事件の判例に従って、おんなじような判決を下す。

◆ **条例とは**

地方公共団体が議会の議決を経て自主的に定める法規。国とは別に、地方公共団体が独自に定める。その地方公共団体の法律みたいなもの。

3日目

3 3日目に学習すること

法律用語の使い方・読み方

1 本試験での問題文は、法律用語が駆使される!!

2 この用語はこういう意味

3 日目

法律用語の使い方・読み方

宅建試験で出題される言語は日本語だけど、いつも使っている日本語ではない日本語かもしれない。話し言葉や小説のような文章ではなく、負荷のかかる文章となっている。まずはこの「日本語」が壁となって跳ね返されるが、挑め。法令用語の基礎知識だ。

POINT!

■ 本試験の言い回しは法律用語。法律の文法となっている。
■ 習ったら、慣れよ。めげずに進むド根性が必要だ。
■ 日常生活で、これらの用語を使って遊んでみよう。

1 本試験での問題文は、法律用語が駆使される!!

さてここからは、宅建試験の問題文の読み方をね、少しずつですけどご案内していきましょう。

いよいよですね!!

さっきもいったけどさ、宅建試験の問題文ってさ、法律の文章っぽく書かれてたりするんだよね。

っていうか、せんせー。

……はい?

宅建試験って、法律の試験なんでしょ!! だったら、そりゃやっぱり、法律っぽい文章になっちゃうんじゃないですかぁ～。

そうなんだよ、そうそう。おっしゃるとおり。だからね、なんていうかね、まずは「法律っぽい文章の読み方」あたりをね、やってみたいと。

 なんだかんだいってもさ、せんせー、だいじなのは「基礎知識」みたいなところなんでしょ？

 そのとおり。そうなんだよ。基礎知識。結局さぁ、本試験の言い回しって条文っぽいんだよね。だからね、いきなり本試験の問題を解いてみたりすると法律用語がバシバシでてくるから戸惑うことが多いんだよね。

 そうです、せんせー、そうなの。はじめて読んだとき「これって日本語？」みたいな感じ。もう、ヤーって思っちゃいました。

 あっはっは。だよね。そのお気持ち、よぉーくわかります。逆にいうとだね、ちょっとだけでも**「条文の読み方」**に慣れておけばさ、割とあっさり読めたりするかも。なんでもそうなんだけど、ものごとにはやっぱり**「コツ」**みたいなのがある。

 問題文を読むときの**「コツ」**ですか？

 そうそう。法律用語もいくつかのパターンがあってね、ま、ちょっとしたことなんだけど、そんなのを理解しておくとだいぶ楽になるよ。

 せんせー、むずかしくないですか……。

 だいじょうぶ。たしかに日常用語とは少し異なる世界観があったりするけど、とりあえず、その意味するところをかるく理解しておけばいいよ。

2　この用語はこういう意味

2-1　及び　並びに　かつ

ではさっそく法律用語の第1弾。まずはこんなの、どうでしょー。「及び」「並びに」「かつ」。日常用語かというと、んー、どうかな。

文章で読んだりするかもしれないけど、会話じゃあんまり出てこないかなー。

そうだね。「並びに」なんていわないもんね。

「かつ」もいわない。でもせんせー、なんかどれもおんなじような言葉なんだけど、使い方がちょっと違ったりするんでしょ？

そうそう。いずれもさ、語句と語句をつなげる接続詞だから、かんたんにいうと、「と」だね。

ん？「と」っというと？

あっはっは。おもろい。えーとね、たしかにどれも「なになに『と』なになに」という意味。英語でいうと「and」かな。ただね、使い方にちょっとした順番があるんだよね。じゃあね、まずは「及び」の使い方。

「及び」の使い方

まずね、2つの語句を並べるときは「及び」を使う。で、3つ以上の語句を並べるときは、いちばん最後に「及び」を使うことになっているよ。

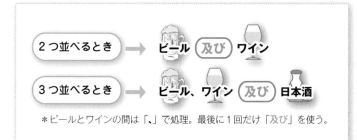

 えーと、「ビールとワイン」の両方。「ビールとワインと日本酒」の3つとも、みたいな感じですか。

 そうだね。たとえば居酒屋さんで飲み放題プランがあるとする。お客さんから「どれが飲み放題になるんですか？」なんて聞かれたとき、店員さんが「ビール、ワイン**及び**日本酒」のいずれも飲み放題です、なんて答えたりしてるよね。

 ……そんなふうに答えてないと思いまぁーす。

 中学の同級生だった「月乃ちゃん」及び「さゆりちゃん」。こないだのプチ同窓会は「月乃ちゃん」「さゆりちゃん」及び「圭子ちゃん」の3人の女子がいた。

 あのぉーせんせー、これってもしかして、実名？

 そうだよぉー。あっはっはー。そのむかし、男子中学生だったころ、みんな好きだったんだぜ（←どさくさにまぎれて、いま告白）。

宅建試験での出題例

 民法

AがBからB所有建物の賃貸の代理権を与えられている場合、Aは、B及び賃借人Dの同意があれば、Dの代理人にもなることができる。

 正解 ○

「B」と「D」の同意があれば、Aは双方の代理人となることができる。

区分所有法

形状又は効用の著しい変更を伴わない共用部分の変更については、規約に別段の定めがない場合は、区分所有者及び議決権の各過半数による集会の決議で決することができる。

正解 ○

「区分所有者」（頭数）
及び
「彼らがもっている議決権」
の両方とも過半数だったら可決。

民法

所有者は、法令の制限内において、自由にその所有物の使用、収益及び処分をすることができる。

正解 ○

たとえば土地の所有者だったら、自由に
　　使用（例：そこに家を建てて住んでもよい）
　　収益（例：敷地として他人に貸して賃料を得てもよい）
　　処分（例：土地を売って換金してよい）
することができる。

「並び」の使い方

 次にさ、「**並びに**」の使い方をやってみよう。この「**並びに**」は「**及び**」といっしょに使う言葉です。「**及び**」を使わないで「**並びに**」だけを使うっていうことはないよ。「**及び**」でつないだグループを2つ並べるっていう感じ。

3日目

法律用語の使い方・読み方

➡ **ビール、ワイン　及び　日本酒**（醸造酒グループ・おなじ種類）

並びに

ウイスキー、ブランデー　及び　焼酎（蒸留酒グループ・おなじ種類）

➡ **「中学生のときに好きだった女子たち」**

並びに

「高校生になってから好きになった女子たち」

の全員がいまだに好き。♥

 これを具体的にみると

中学生のときに好きだったグループ

➡ **「月乃ちゃん」「さゆりちゃん」及び「圭子ちゃん」**

並びに

高校生になってから好きになったグループ

「理恵ちゃん」「美雪ちゃん」及び「めぐみちゃん」

の全員がいまだに好き♥

 ……もう、わかりましたから（笑）

宅建試験での出題例

◇ 景品表示法 ◇

分譲宅地（50区画）の販売広告を新聞折込チラシに掲載する場合、広告スペースの関係ですべての区画の価格を表示することが困難なときは、1区画当たりの最低価格、最高価格及び最多価格帯並びにその価格帯に属する販売区画数を表示すれば足りる。

> ✎ 正解○
>
> 「1区画当たりの最低価格、最高価格及び最多価格帯」（価格グループ）並びに
> 「その価格帯に属する販売区画数」（区画数）
> を表示すればよい。

◇ 区分所有法 ◇

区分所有者は、建物並びにその敷地及び付属施設の管理を行うための団体を構成し、この法律で定めるところにより、集会を開き、規約を定め、及び管理者を置くことができる。

> ✎ 正解○
>
> 建物（建物本体）
> 並びに
> 敷地及び付属施設（その他のグループ）
> を管理するための団体（管理組合）を構成する。

 「かつ」の使い方

 「及び」「並びに」ときたら、最後は「かつ」。そう、最後は「かつ（勝つ）」のだぁーーー!!

 ……どうやって使うんでしょ？（←冷静さを失わず）

あ、えーとですね、「**及び**」や「**並びに**」はさ、独立した「言葉」と「言葉」、「グループ」と「グループ」をつなぐみたいな感じだけど、「**かつ**」はちょっとニュアンスがちがって、その言葉と言葉を一体化（セット）して考えてね、という意味合いかな。「プラス（＋）」というニュアンスです。

同窓会の翌日の朝

あぁー二日酔いだ

➡ **胸焼けがして、（かつ）、アタマが痛い。**

 せんせー、飲み過ぎっ!!

宅建試験での出題例

民法

20年間、所有の意思をもって、平穏に、**かつ**、公然と他人の物を占有した者は、その所有権を取得する。

 正解 ○

「平穏＋公然」と他人の物を20年間占有（使い続けている）と取得時効の完成により、その物の所有権を取得する。

2-2 又は 若しくは

 次は「**又は**」と「**若しくは**」をやってみよう。「及び」「並びに」グループが「**and**」だとすれば、こっちは「**or**」だね。このなかのどれか、という意味。

 「及び」「並びに」グループを「…と…」とすると、「**又は**」「**若しくは**」

グループは「…**か**…」ですよね。

 そうそう。「**か**」です。

 だんだん慣れてきました。でも「**若しくは**」がちょっとイヤ。

 だよね。「わかしくは」って読まないでね（笑）

「**又は**」の使い方

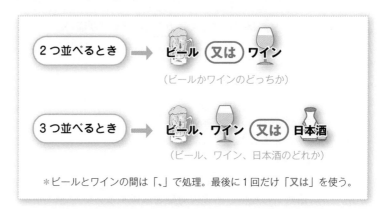

2つ並べるとき → ビール 又は ワイン
（ビールかワインのどっちか）

3つ並べるとき → ビール、ワイン 又は 日本酒
（ビール、ワイン、日本酒のどれか）

＊ビールとワインの間は「、」で処理。最後に1回だけ「**又は**」を使う。

 じゃあ次はヤーっていってる「わかしくは」です。

 「もしくは」でしょーっ‼

 でへへ。えーとね、そうか、「若しくは」を説明する前に「**又は**」を
もう一度。前提として「どれか選んでねグループ」が2つあるとしよ
う。まず大きな選択、つまりグループを並べるのには「**又は**」を使う。

> 「**中学生のときに好きだった女子たち**」
>
> 又は
>
> 「**高校生になってから好きになった女子たち**」
>
> のなかから誰か1人。♥

 せんせー、1人だけね。

 誰か1人かぁ。んー、個人的には「及び」が好きだなぁー。

 ……（無言）

 あっはははははぁー（汗）

 ……で？

 すみませぇーーん、「若しくは」はグループの「内側・中」で使いまぁーす。

 「**若しくは**」の使い方

> 中学生のときに好きだったグループ
>
> 「**月乃ちゃん**」「**さゆりちゃん**」 若しくは 「**圭子ちゃん**」
>
> 又は
>
> 高校生になってから好きになったグループ
>
> 「**理恵ちゃん**」「**美雪ちゃん**」 若しくは 「**めぐみちゃん**」
>
> のなかから誰か1人。♥

 で、せんせー、結局、その当時、誰かとつきあえたんですか？

 えーん、全滅でしたぁ〜（泣）

宅建試験での出題例

◇◇ 民法 ◇◇

詐欺**又は**強迫による意思表示は取り消すことができる。

✎ 正解 ○

詐欺による意思表示、強迫による意思表示はいずれも取り消すことができる。

◇◇ 宅建業法 ◇◇

宅地建物取引業を営もうとする者が、国土交通大臣**又は**都道府県知事から免許を受けた場合、その有効期間は、国土交通大臣から免許を受けたときは5年、都道府県知事から免許を受けたときは3年である。

✎ 正解 ×

都道府県知事の免許、国土交通大臣の免許のいずれであっても、有効期間は5年。

◇◇ 宅地造成等規制法 ◇◇

都道府県知事は、当該宅地の所有者、管理者、占有者**又は**当該造成主に対して、当該宅地の使用を禁止し、**若しくは**制限し、**又は**相当の猶予期限をつけて、擁壁等の設置その他宅地造成に伴う災害の防止のため必要な措置を命ずることができる。

✎ 正解 ○

（誰に）
「所有者」「管理者」「占有者」**又は**「造成主」のいずれかに対して
（なにを）
「使用禁止」**若しくは**「使用制限」（使用禁止・制限グループ）
又は
「擁壁の設置等」（ガケ崩れ防止の工事）
を命ずることができる。

2-3 　係る　関する

 こんどは「**係る**」とか「**関する**」を取り上げてみよう。「**関する**」のほうは、なんとなくでいいんだけど、わかるでしょ。

 はい、そうですね。恋愛に関する本とか、そんなふうに使ってますもんね。

 さすが20代女子、となるとあれか、恋愛テクニックなんかを学んじゃったりしてんだ、そんな本で。

 ふふふ。ノーコメント。

 こんど、貸して。

 ……話を戻して。

 あー、そうそう、えーとなんだっけ、「**係る**」だ。「**関する**」はともかく「**係る**」っていうのは日常では使わないよね。

 「**係る**」じゃなくて、「**係り**」だったら使いますけど。生き物係とか（笑）

 「**係る**」の使い方

 この「**係る**」はですね、「…の」とか「…に該当する」「…についての」という意味で使われます。

宅建試験での出題例

 都市計画法

第一種低層住居専用地域は、低層住宅に係る良好な住居の環境を
保護するため定める地域とする。

> ✎ 正解 ○
>
> 第一種低層住居専用地域の定義。低層住宅に該当する良好な
> 住居の環境の保護。

 宅建業法

新たに宅地建物取引業の免許を受けようとする者は、当該免許の
取得に係る申請をしてから当該免許を受けるまでの間においても、
免許申請中である旨を表示すれば、免許取得後の営業に備えて広
告をすることができる。

> ✎ 正解 ×
>
> 宅建業の免許の取得に該当する申請をしていたとしても、免
> 許申請中の段階での広告は不可。

2-4 　場合　とき

 これもさー、日常だと使い分けないよねー。っていうか、意識せず
に使っちゃってるかな。「どんな場合にそうなるの？」とか「どんな
ときにそうするの？」とか。いずれもそんな意味合いで使うよね。

 んー、せんせー、そもそも「場合」なんて使わないかもしれない。

 たしかにね。使うとしたら「とき」のほうかな。女子が彼氏に「やー
ねー、もう。でもさ、ちょっと聞いていい？　ね、どんなときにそ
う思うの？」みたいな。

ちょっと甘えた感じでね。

 それがさ「やーねー、もう。でもさ、ちょっと聞いていい？　ね、どんな場合にそう思うの？」って**「場合」**を使われたらドン引きかもしれん。

 けっこう迫力が出ますねー。なんか尋問しているみたい（笑）

 まぁそんな**「場合」**と**「とき」**。どちらも「こういう**場合**」とか「こういう**とき**」という仮定的条件を表す言葉なんだけどね。もちろん「こういう**場合**はこうします」「こういう**とき**はこうします」って単独で使うことが多いけどね。

 重ねて使うこともあるっていうことでしょーか？

 お、だんだんカンが鋭くなってきたねー。そうなんだよ。重ねて使うこともある。そんなときは使い分けがあるんでね、ちょこっとそれを条文でみてみよう。

 条文 🎀 借地借家法　**第36条（居住用建物の賃貸借の承継・一部省略）**

> 居住の用に供する建物の賃借人が相続人なしに死亡した**場合**において、その当時婚姻の届出をしていないが、建物の賃借人と事実上夫婦同様の関係にあった同居者があるときは、その同居者は、建物の賃借人の権利義務を承継する。

 えーと**「場合」**は、あ、ここですね。居住の用に供する建物の賃借人が相続人なしに死亡した**「場合」**において。

 まず、最初に大きい方のシチュエーションを**「場合」**で表現する。「居住用建物を借りていた人が相続人なしに死んだ**場合**なんだけどね」という意味合い。

 なるほど。相続人なしに死んだっていうと、んー、家族がいなくて孤独だったということかしら。

いやどうかな。どうもこの条文を作った人は、なかなか粋な計らいをする人だったのかもしれない。次のシチュエーションをみてごらん。

 「**とき**」になっているところですよね。

 そうそう。まず「こんな**場合**」で、そして「こんな**とき**は」という並べ方だよ。「こんなときで、こんな場合」というふうには使わないよ。

 「婚姻の届出をしていないが、建物の賃借人と事実上夫婦同様の関係にあった同居者があるとき」ですって。

 つまりだね、結婚はしてないけど「心の家族がいた」とでもいおうか。その人が死んだときに「事実上夫婦同様の関係にあった同居者」がいたというシチュエーション。死んだのが男性だったとすると「内縁の妻」がいたというわけだね。

 あら、やだー。いたのね。そんなステキな人。

 「内縁の妻」って表現しちゃうと、なんかドロっと感がでちゃうけどな。

 で、その奥さんっていうか、世間から奥さんと思われていた女性が「建物の賃借人の権利義務を承継する」というわけですね。

 そうそう。この人が相続人だったら、つまり正式な「妻」だったら、わざわざこんな規定なんか用意しなくても「建物の賃借人の権利義務」は相続しちゃうんだけどね。

 相続人になれなかった人も、そこに引き続き住んでいられるようにしてあげましょうっていうことですか。

 そうそう。そういう規定です。詳細は後日、借地借家法（借家関係）のところで勉強してみてね。

> ●● 「とき」と「時」のちがい
>
> 「とき」と「時」も、日常生活ではあまり意識して使い分けはしてないけど、法律用語的には、これまた意味が異なる。
> まず「とき」のほう。これはいまみてきたとおり「こういうときは」という仮定的条件を表す。一方「時」のほうは、時ということだから、「その時点を表す」まさにその時点。その瞬間。
>
> 👉 「時」の使い方の例
>
> 〈 **民法** 〉 **第166条（消滅時効の進行等）**
>
> 消滅時効は、権利を行使することができる「時」から進行する。

2-5 （以上）（超える）（以下）（未満）

 一瞬アタマを悩ますのが「以下」とか「未満」とか。「以上」や「超える」もそうだけど。

 あぁー、そうかも。こういうのって、日常生活でもそんなに意識しないっていうか。

 なんとなく、フィーリングでわかるからね。でもま、いちおう整理しておこう。ちなみに「以上」「以下」の「以」は「もって」という意味もある。「以上」っていうことだから、その数を「もって」それより上。「以下」だったら、その数をもって下。

「以　上」	…… 基準となる数を含んで、それより多い場合。
「超える」	…… 基準となる数を含まないで、それより多い場合。
「以　下」	…… 基準となる数を含んで、それより少ない場合。
「未　満」	…… 基準となる数を含まないで、それより少ない場合。

まぁそんなことをちょっと意識して、ちょっと条文をみてみようぜ。

 条文　**建築基準法**　**第 43 条（敷地等と道路の関係）**

> 建築物の敷地は、道路に 2 メートル以上接しなければならない。

 条文　**建築基準法**　**第 55 条（建物の高さの限度）**

> 第一種低層住居専用地域・第二種低層住居専用地域・田園住居地域
> においては、建築物の高さは、10 m または 12 m のうち、都市計画に
> より定められた限度を超えてはならない。
>
> ＊高さの限度が 10m か 12m で定められているので、建築物の高さは 10m か 12m
> 　以下としなければならない。

条文　**都市計画法**　**第 29 条（開発許可）**

> 市街化区域において、その面積が 1,000㎡ 未満の開発行為を行う場合、
> 開発許可は不要となる。
>
> ＊ジャスト 1,000㎡ だったら開発許可を受けなければならない。

 ちなみに成年っていったら何歳だっけ。

 20 歳からです。
＊ 2022 年 4 月からは 18 歳以上となります。

 ちなみにさ、いまの「20 歳」から成年ってどうしてそうなってん
の？　法律？

 えぇーっ‼　昔からの風習ですかぁ…。んー、たぶんちがうなー。

 民法だよん。

条文 **民法** **第4条（成年）**

> 年齢20歳をもって、成年とする。

※ 2022年4月より「18歳」となります。

 この規定に基づきまして、ニッポンでは20歳以上の者を成年者としています。民法は古い法律だからかな、**「以上」** っていう言葉は使っていないけど、「もって」という言葉を使っているね。「20歳をもって」成年とする、ってね。
ちなみにさ、「18歳未満」っていう表現をよく見かけたりしない？

 あ、あります。映画とかでもありましたっけ？

 あるよね。んー、そうだな、男子がいちばん目にする「18歳未満」っていうと、やっぱりインターネット上のアダルトサイトかなー。「18禁」といったりもするかな。でもサイト上の表現だと18歳以上だったらいいよ、みたいな感じだね。

年齢認証

あなたは18歳以上ですか？

入室する　　　　　　　　　　　　　退出する

 なんでこうなっているかというと、これも法律の規定に基づいてのこと。インターネットを利用しての画像配信、つまりアダルトサイトのことを「映像送信型性風俗特殊営業」というふうにいうんだけどね。

 んー、なんかいきなり漢字がいっぱい!!

あっはっは。そうだね。ついでに漢字をいっぱい使っちゃうけど、アダルトサイトをやるには「風俗営業等の規制及び業務の適正化等に関する法律」に基づく届出が必要なのよ。

 へぇー、そうなんですか。勝手にやっちゃダメなんですね。

 そうそう。それでね、「風俗営業等の規制及び業務の適正化等に関する法律」の規定でこんなのがあるわけよ。

条文

第31条の8（宣伝の規制等）

> 映像送信型性風俗特殊営業を営む者は、18歳未満の者を客としてはならない。

 なるほどねー。だからそういう表示をしてるんですねー。

2-6　直ちに　速やかに　遅滞なく

 んー、どうだろ。「**直ちに**」「**速やかに**」「**遅滞なく**」なんてさ、まず日常用語じゃ使わないでしょ。

 ですね。えーと、どれも「すぐに」っていう意味ですか？

 そうそう。日常的には「すぐにやってー」とか「はやくしてー」で片付いちゃうんだけど、これまた法律用語的にはね、若干、意味がちがってくるんだよねー。

 どれがいちばん「すぐにやってー」なんですか？

 「**直ちに**」だね。たとえば高校生のとき「**直ちに**職員室に来なさいっ!!」なんてことになると、やべー、すぐにいかないともっとヤバいことになるかもって、ビビるでしょ。

 そうですね。「**直ちに**」っていうと、なんか、相手の怒りを感じます。

いちばん強烈だね。「なにはともあれ、すぐにやれ」っていうこと。一切の遅れも許されない。「**直ちに**やれ、このボケっ!!」という迫力だね。

 こわー。

 これがさ「**速やかに**やれ、このボケ!!」「**遅滞なく**やれ、このボケ!!」となると、怒りのインパクトが弱くない?

 あら、そうですね。なんか妥協してくれそう。

 じゃあさ、次は「**遅滞なく**」っていうのを取り上げてみようか。

 「**遅滞なく**」なんて、ふつうの会話じゃ、ぜったいに使わないかも。

 そりゃそうだよねー。日常会話じゃ出てこないよね。でもね、宅建試験の受験勉強をやっているとき、この3つのなかでいちばん目にするのが「**遅滞なく**」かな。

 へぇー、そうなんですか。で、せんせー、どんな意味合いですか?

 いろんな表現があるけど「事情の許すかぎり、なるべく早く」って感じかな。「いま忙しかったら、それが終わったらやってね」っていうニュアンス。コムズカシクいうと「正当な、又は合理的な理由に基づく遅滞は許される」といったりもする。

 たしかに「**直ちに**」よりはゆるい感じがしますねー。

 でさ、この「**遅滞なく**」っていう言葉なんだけど、みんなはめったに使わないだろうけど、我々のような講師だと、講義でも年がら年中いってるから、ついつい口に出しちゃうんだよね。

 えー、どんなときですかー。

 こないだなんかさ、レストランでハンバーグセットだかなんだかを頼んだときに、ウエイトレス嬢が「コーヒーはいつお持ちしましょうか」っていうでしょ。そんときさ「あ、**遅滞なく**」とかいってしまった。あっはっは。

やだー、マニアック（笑）

　食後っていえばいいんだよな。あっはっは。えーと、あとなんだっけ。あ、速やかにだね。この「**速やかに**」はね、「**直ちに**」と「**遅滞なく**」の中間っていうふうにいわれてるんだよな。

　こういうのって、ちゃんと覚えておかないとダメなんですか。

　ううん、まぁそんなに気にしなくてもいいよ。この「**遅滞なく**」だの「**直ちに**」だのはさ、宅建業法編で登場してくる言葉でさ、まぁあそのうち問題とか解いてみたらすぐにわかる話だけど、「**遅滞なく**」でいいところを「2週間以内に」となってたら×とか。

　いまはあんまり気にしなくてもいいのかしら。

　そうそう。気楽にいこうぜ。だいじょうぶだよ。

　条文　宅建業法　**第 20 条（変更の登録）**

> 宅地建物取引士は、その氏名を変更したときは、遅滞なく、変更の登録を申請しなければならない。

　条文　宅建業法　**第 22 条の 2（取引士証の提出）**

> 宅地建物取引士は、宅地建物取引士としてすべき事務の禁止処分を受けたときは、速やかに、宅地建物取引士証をその交付を受けた都道府県知事に提出しなければならない。

条文　宅建業法　**第 22 条の 2（取引士証の返還）**

> 宅地建物取士証の提出を受けた都道府県知事は、その宅地建物取引士証の事務の禁止の期間が満了した場合においてその提出者から返還の請求があったときは、直ちに、当該宅地建物取引士証を返還しなければならない。

2-7 しなければならない　することができる

 「しなければならない」と「することができる」。どっち が好き？

 えぇー、なんですかー唐突に。んー、まぁやっぱり「することがで きる」かなー。

 ふつうはそうだよね。「しなければならない」っていったらさ、英 語でいうと「must」だよね。義務。窮屈だよね。とはいえ、法律 なんていうのは「命令」のかたまりだから、「しなければならない」っ ていう決め方が多いけどね。

 となると「することができる」っていうと「can」かしら。「するこ とができる」っていうことだから、してもいいし、しなくてもいいし。

 そうそう。「任意規定」といったりすることもあるよ。任意。つま りどっちでもいい。

 このへんはだいじょうぶかも。日常用語とおんなじですもんね。

 そうだね。あとはね、よくヒッカケで出てくるんだけど、本来は「す ることができる」という規定を「しなければならない」として× とか。

 どんなのがあるんですか？

 たとえば次の条文とか。あ、その前に、宅建試験に合格してから宅 地建物取引士になるまでの段取りを軽くおさらいしておきましょ う。試験に合格しただけじゃ、取引士にはならないんだよね。宅地 建物取引士の交付を受けたあと、はれて「宅地建物取引士」を名乗 れる。

宅建試験合格（試験合格者）

▼

試験合格地の都道府県知事の登録を受ける
（宅地建物取引士資格者）

▼

登録を受けた後に取引士証の交付を受ける
（宅地建物取引士）

 ここまでだいじょうぶ？

 はぁーい。だいじょうぶでーす。

 で、この登録にまつわる内容での問題。とりあえず条文から。

 条文 ┃ 宅建業法 ┃ **第19条の2（登録の移転）**

> 宅地建物取引士の登録を受けている者は、登録をしている都道府県知事の管轄する都道府県以外の都道府県に所在する宅地建物取引業者の事務所の業務に従事し、又は従事しようとするときは、当該事務所の所在地を管轄する都道府県知事に対し、登録の移転の申請をすることができる。

 かんたんに解説しとくと、たとえばさ、東京都で宅建試験を受験して合格したとするでしょ。とすると、宅地建物取引士の登録はどこの知事？

 はい。東京都知事でーす。

 そうだよね。じゃあ、こんどその人が大阪にある宅建業者の事務所で働くことになったとする。

あ、えーと、この場合が登録の移転？

 そうそう。そんなことをこの条文はいってるんだけど、注意してほしいのが最後のところ。オチが「登録の移転の申請をすることができる」となっているよね。だからこれ、登録の移転をしてもしなくても、どっちでもいい。

 はい、わかります。

 だからこう出てきたら×だよ。

> **宅建試験での出題例**
>
> 宅地建物取引士Ａ（甲県知事登録）が、宅地建物取引業者Ｂ社（乙県知事免許）に従事した場合、Ａは乙県知事に対し、甲県知事を経由して登録の移転を申請しなければならない。

 オチが「登録の移転を申請しなければならない」ですもんね。はい、×です。できました。わーい、やったぁ～!!

2-8 推定する　みなす

 これもおんなじようだよねー。「**とりあえず、そうじゃないんだろうけど、そうしちゃおうぜ**」っていうノリだもんね。

 おんなじでしょ、せんせー。でも、おんなじじゃないんですよね。んー、なにいってんだろ、わたし（笑）

 そうなんだよね。日常用語はともかく、法律用語ともなると、これははっきりとした違いがあるよ。

> 📖 「推定する」
>
> 当事者間で取り決めがなかったり、事実関係がいまいちハッキリしない場合に、法律上「いちおうこうである」と取り扱うことをいう。当事者が「いやそうじゃないんだよ」との反証があれば「いちおうこうである」は覆る。

> 📖 「みなす」
>
> 本来は異なるものを同じように扱うことをいう。「推定する」とおなじような場面で使われるが、「推定する」は反証があれば推定が覆るのに対し、「みなす」は事実がどうであっても、たとえ反証があったとしても覆らない。

 「**推定する**」のほうが、まだ話し合いの余地があるよね。「**みなす**」のほうは容赦しない。みなすとなったらみなしちゃう。

 なるほどー。

 じゃ、実際の条文で見てみようか。

条文 区分所有法　**第9条（建物の設置又は保存の瑕疵に関する推定）**

建物の設置又は保存に瑕疵があることにより他人に損害を生じたときは、その瑕疵は、共用部分の設置又は保存にあるものと推定する。

> ✎ マンションの壁のタイルが落下して、他人に損害が生じたようなときは、とりあえず、「共用部分」に不具合があったことにして、マンションの所有者全員で賠償責任を負いましょう、という規定。「推定する」ということだから反証可能。どこか特定の専有部分（マンションの部屋のこと）に原因があったということになったら、その所有者らが責任を負う。

条文　◇ **区分所有法** ◇　**第29条第1項（建物賃貸借の期間）**

> 期間を1年未満とする建物の賃貸借は、期間の定めがない建物の賃貸借とみなす。
>
> ✎ 当事者間で期間を1年未満（例：6ヶ月）と合意していたとしても、期間の定めがない賃貸借とされてしまう。

さっき、せんせーもいっていたけど、「**みなす**」は毅然としているんですね。つべこべいわず、そうしちゃいます。そういうことなんですね。

たとえばさ、「彼氏が○○したら『浮気』とみなす」とかね。うぅー、どうしよー。ヤベー。

……せんせ、ひとりでなにを焦ってんですか？

キョエー（←意味不明（笑））

2-9 　やむを得ない理由（事由）　　正当な理由（事由）

無断朝帰り。だってさー、「**やむを得ない理由**」があったんだから、しょうがないじゃない。

どんな理由？

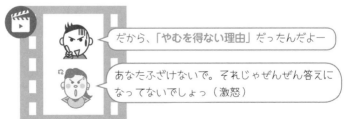

だから、「やむを得ない理由」だったんだよー

あなたふざけないで。それじゃぜんぜん答えになってないでしょっ（激怒）

……ということで、はい、以上、再現ドラマ「せんせーが無断朝帰りした日」における家庭内でのやりとりでしたぁー。

キョエー !!

「無断朝帰り」は浮気とみなされちゃいまーす。覆りませーん。

 キョエー !!

注：無断朝帰りが許容される範囲、つまりなにが「やむを得ない理由」になるの
かは、夫婦間によって異なります。これを機会に、ご夫婦で話し合ってみて
はいかがでしょうか 余計なお世話だっちゅーの（笑）

> 📖 **やむを得ない理由（事由）**
>
> 本来認められるべきものではないが、特別の事情などがあったた
> め、例外的に認めるような場合に使われる。

 条文 ┃ 民法 ┃ **第651条（委任の解除）**

当事者の一方が相手方に不利な時期に委任の解除をしたときは、その当
事者の一方は、相手方の損害を賠償しなければならない。ただし、**やむ
を得ない事由**があったときは、この限りでない。

> ✎ 相手方に不利な時期に委任契約を解除をしたときは、相手方に損
> 害賠償を払わなければならないんだけど、「やむを得ない理由」
> があったときは損害賠償を払わなくてもいい。

 正当な理由っていうと、読んで字のとおり、正当な理由なんだよね。

 せんせー、説明になってませぇーん。

> 📖 **「正当な理由（事由）」**
>
> あることをすることについて、堂々と主張することができるよう
> な正しい理由がある場合に使われる。

条文 **宅建業法**　　**第45条（秘密を守る義務）**

> 宅地建物取引業者は、**正当な理由**がある場合でなければ、その業務上取り扱ったことについて知り得た秘密を他に漏らしてはならない。宅地建物取引業を営まなくなった後であっても、また同様とする。
>
> ✎ 「**正当な理由**」があるときは、秘密を漏らしたとしても宅建業法違反とはならない。

2-10 　**妨げない**　　**この限りではない**

「妨げない」って、なんかかっこいいかも。

えっ、そう？　どんなふうに？

「わたし、彼の夢は妨げないわ」。きゃー、わたしって、いいオンナ♪

おぉー、ついにミサキちゃんも、へんな事例を使うようになってくれましたぁー!!

わたし、年上の男の人が好き。でも、せんせーはこの限りではない。

キョエー!!　さっきからずっと、キョエー!!

なんちゃってね（笑）。で、せんせー、「**妨げない**」「**この限りではない**」ってなんの？

えーとね、「**この限りではない**」のほうの使い方はあってるぜ。その前に書かれた内容（年上の男の人が好き）に対して、その全部または一部の内容を打ち消す（せんせーは除外）というような意味で使われる。

建築基準法 **第44条（道路内の建築制限）**

> 建築物は、道路内に建築してはならない。ただし、公衆便所や巡査派出所はこの限りではない。
>
> > ✎ 本来は、道路内での建築は禁止だけど、公衆便所や巡査派出所は道路内にも建築できる。

民法 **第9条（成年被後見人の法律行為）**

> 成年被後見人の法律行為は、取り消すことができる。ただし、日用品の購入その他日常生活に関する行為については、この限りでない。
>
> > ✎ 成年被後見人（例：重度の認知症）がした取引は取り消せるけど、日用品の購入などについては取り消せない。

「妨げない」のほうは？

「**妨げない**」はね、「邪魔をしない」ということなんだけど、法律で使う場合は「してもいいよ」というようなニュアンスで使われるかな。

民法 **第256条（共有物の分割請求）**

> 各共有者は、いつでも共有物の分割を請求することができる。ただし、5年を超えない期間内は分割をしない旨の契約をすることを妨げない。
>
> > ✎ 共有者はいつでも共有物の分割を請求できるけど、「5年間は分割しない」という特約をしてもいいよ。

条文 **民法** **第545条（解除の効果）**

> 解除権の行使は、損害賠償の請求を妨げない。
>
> 🖊 契約を解除したときでも、損害賠償の請求をしてもいいよ。

はい、ということで、この章では法律用語の使い方をお勉強してみました。みなさんも気が向いたら、せんせーみたいに、ちょっとふざけて使ったりしてみてくださいね。

3日目

法律用語の使い方・読み方

及び・並びに

語句と語句をつなげる接続詞。「……と……」というような
ときに使う。

ビール 及び ワイン …… ビールとワイン
ビール、ワイン 及び 日本酒 …… ビールとワインと日本酒

- -

ビール、ワイン 及び 日本酒（醸造酒グループ）
並びに
ウイスキー、ブランデー 及び 焼酎（蒸留酒グループ）

又は・若しくは

2つ以上の語句のなかから1つを選択するときに使う。
「……か……」というような意味合い。

ビール 又は ワイン …… ビールかワイン
ビール、ワイン 又は 日本酒 …… ビールかワインか日本酒

- -

ビール、ワイン 若しくは 日本酒（醸造酒グループ）
又は
ウイスキー、ブランデー 若しくは 焼酎（蒸留酒グループ）

以上・超える・以下・未満

「以　上」……基準となる数を含んで、それより多い場合
「超える」……基準となる数を含まないで、それより多い場合
「以　下」……基準となる数を含んで、それより少ない場合
「未　満」……基準となる数を含まないで、それより少ない場合

4日目

民法の攻略法

宅建試験の問1から問14で出題される項目は「権利関係編」だ。具体的には民法や借地借家法、区分所有法、不動産登記法からの出題となる。ここで要求されるのは読解力。とはいえ恐れるに足りず。問題文（人間関係）を図解しよう。だいじょうぶ。やってみよう。

☆ POINT！

- ■ 甲土地の所有者はAで、AがBに売った。まずはこれを図解してみよう。
- ■ AとBのほかに、第三者Cが登場する。だからCを登場させて図解する。
- ■ 債権と債務という言葉が出てくる。どっちが債権者でどっちが債務者かを図解。

1 目からウロコの第1弾 『イメージ化』大作戦

はい、ではこれから、宅建試験の出題分野ごとにですね、「宅建試験の問題の解き方・入門の入門」をやってみたいと思います。まずは権利関係編から。権利関係編っていうとむずかしく感じるけど、具体的には民法とかだよね。

民法とかの権利関係編って、せんせー、ぜんぶで何問の出題でしたっけ？

50問中、14問だよ。ちなみにこの分野、民法のほかにどんな法律が登場するか覚えてる？

えーと、借地借家法でしたっけ？

そうそう。あとはね、区分所有法と不動産登記法。区分所有法っていうのは分譲マンションの権利関係を扱っている法律で、正式名称は「**建物の区分所有等に関する法律**」っていうよ。

せんせー、むずかしいのかなぁ……。

 まぁーそうだなぁ。そりゃやっぱりそれなりに勉強しておく必要はあるけど、とりあえずだ、いわば一種の読解力が必要だともいえる。

　□ **権利関係編 14 問の出題内訳**

具体的な法令	出題数	問題番号
民法	10 問	問 1〜問 10
借地借家法 　借地（権）で 1 問・借家（権）で 1 問	2 問	問 11、問 12
区分所有法	1 問	問 13
不動産登記法	1 問	問 14

 読解力ですか？

 そう。まずさ、問題文を読んで意味を理解すること。当たり前なんだけど、意外と苦戦する人が多かったりね。

 法律的な言い回しとか、法律用語とかで作ってあるんですもんね。

 そうだね。それに、この分野ってね、A だの B だの C だのと、やたらと人が出てくる。だれが債権者だ、だれが売主だとか、そういった人間関係を把握しとかないと、答えだって出てきやしない。

 なんか、すでにわたし、もうやだぁー（涙）

 あっはっは。まぁそういわずにね。まずはともかく、そもそもこの問題文はなにをいっているのか、登場人物たちの人間関係はどうなっているか、それを理解する。

 ……はい。

 どうやって理解するか。いちばんカンタンなのはさ、絵を描く。自分でぱっとみてわかるようなイメージづくりをしてみると。

 ……絵を描く？　イメージ？

この問題はなにをいっているのか、どんな状況なのか、登場人物は誰なのか、そしてどういう取引をしようとしているのか、などなど。それをイメージ化していくこと。

 そんなの、できるかなぁ……。

 できるでしょ。っていうか、最初はどうしても、問題文を読み慣れていないからアタフタするかもしれないけど。まぁ経験量が質を産むからね、とりあえず、問題文をいくつか用意するから、それを読んでみて、自分なりのイメージをつくって描いてみよう。

 はぁーい＼(^o^)／

 じゃまず、民法の問題からやってみよう。

 せんせー、まだぜんぜん勉強してないから、法律とかよくわかんないし。できないかもー（涙）

 あー、だいじょうぶだいじょうぶ。実際に問題を解いて正解を出すってことになると、そりゃ勉強しとかなきゃいけないけど、とりあえず問題文を読んでみて、で、なにをいっているのか把握する練習だからね。

 ……人間関係の理解とか？

 そうそう。だれがどんなポジションにいて、相手は誰なのか。コツさえつかめば超カンタン‼ そんなスキルをまずあげておこう。じゃあさっそく、これを読んでイメージ化してみよう。

ドアをノックする音

 はぁーい＼(^o^)／

 こんにちは。おじゃまします。

 あ、そうだった。どもども、お待ちしてましたぁ〜。

せんせー、紹介するね、お友だちのユリちゃん。

 はじめまして。お言葉に甘えて、きちゃいました。

 いえいえ、こちらこそ。ご協力ありがとうございます。ユリちゃんもさ、宅建って、まったくはじめてなんでしょ。

 そーです（笑）

 でね、先日のメールにも書いたけどさ、宅建試験で出てくる問題文を読んで、まずそれをイメージ化して絵に描いてみるという練習を、これからしたいと思いまーす。

4日目

民法の攻略法

 はい。

 ミサキちゃんもよろしくね。

 はい、自信ないけど、やってみます。

 よし、まずはこんな問題文から。

1-1 登場人物として **A**とか**B**が出てくるパターン

Q 問題例　　　　　　　〔平成 10 年　本試験問題　問 1〕

A が、A 所有の土地を B に売却する契約を締結した場合に関する次の記述のうち、民法の規定によれば、誤っているものはどれか。

 まず手始めに、A が B に自分の土地を売りました。まずそれを図解してみると。

 これは行けるね。民法や借地借家法の問題だと、こうしてAとかB、それからCとかも登場して、あれこれトラブったりするわけよ。基本的に、Aをいちばん左に描いておくといいかな。ちなみに、小学校3年生のときにウチの娘に描いてもらったらこんなふうになったよ。

 よし、じゃ次に行ってみよう。

1-2 AやBという登場人物に加えて「甲」が出てくるパターン

 問題例

> Ａ所有の甲土地につき、ＡとＢとの間で売買契約が締結された場合における次の記述のうち、民法の規定及び判例によれば、正しいものはどれか。

しばらく考え込む女子ふたり

 ん？　どうした？

 せんせー、「甲」って誰？　ＡとＢが出てきて、甲って書いてあるじゃないですか。甲っていう人も出てくるの？

 おぉー、なるほどそっか、そういうところでつまずいたりするのかな。これはね、Ａが所有している土地を「甲土地」って呼ぼう、みたいな意味だよ。わかりやすくいうと、こんな感じかな。

> ⭐ **ダイナマイト超訳**　Ａが、自分の土地（いちおう、甲土地といっておく）をＢに売ったときの話なんだけど、選択肢１から４に書いてあることのうち、正しいのはどれでしょう。民法や判例を使って考えてね。

 わ、こういうふうにいってくれたら、メチャわかりやすいのに。

 ほんとですよね。

 じつはね、民法の問題っていってもね、そんなにむずかしいことを

いっているわけじゃないんだよ。出題の仕方というか、書き方とい
うか、言い回しが独特だからね。んー、だからむずかしく感じると。
むしろ、むずかしく感じさせることに意義を見いだしていると。

 せんせー、わかりにくい問題文があったら、また超訳してーー!!

 りょーかいっす。

ミサキの描いた絵

いいね。
グッド。

ユリの描いた絵

AとBをちょっと
離した方がいいかな。

 はい、これもいいでしょう。甲だの乙だの、そんな表記が出てきて
びっくりするけど、だいじょうぶ。そのうちなれるからさ。

 うん、もっとやってみる!!

 ユリちゃんもオッケー?

 はい、やってみます。

じゃあね、次に登場人物がもっと出てくるパターンに取り組んでみましょう。

 だいじょうぶかしら。

 なんか、まだそんなに長い文章じゃないんでしょうけど、問題文を読むのって疲れますねー。

 まぁね、最初はね。なんどもいうようだけど、繰り返しやっていくうちにだんだん慣れてくるから、そしたらもっとスラスラいくからね。

 はぁーい。

 じゃ、せんせー、チャレンジしてみよーかな。

 そうそう。登場人物がもっと出てくるっていったって、基本はいっしょだから、だいじょうぶだよ。

1-3 AやBのほかに、C（第三者）が出てくるパターン

Q 問題例　〔平成 13 年　本試験問題　問 5〕

AからB、BからCに、甲地が、順次売却され、AからBに対する所有権移転登記がなされた。この場合、民法及び判例によれば、次の記述のうち誤っているものはどれか。

 せんせー、超訳やってーー!!

 はいはい、りょーかい。

> ☆ **ダイナマイト超訳**　甲という土地（いちおう、甲という名称）がAからB、BからCに転々と売られました。所有権の移転登記は、AからBにはされているんだけど、BからCにはされていません。なのでいまのところ、Cは「自分が甲地の所有者だ」とは主張できない状態です。さてこんな状況のなか、選択肢1から4に書いてあることのうち、誤っているものはどれでしょう。民法や判例を使って考えてね。

問題文にキーワードみたいなのが書いてあったら、それも絵に付け加えておいたほうがいいかも。この問題でいうと「所有権移転」かな。

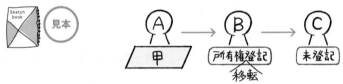

 あのぉー、せんせー。

 はいはい。

 所有権移転登記ってなんですかー？？

 あ、ごめんごめん。

 所有権移転登記とは

　登記上の所有者の名義を、元の所有者（例：売主A）から新しい所有者（例：買主B）に移すということ。ルールとして、自分名義で登記しておかないと、ほかの人たち（第三者）に自分の所有権を主張できないということになっている。

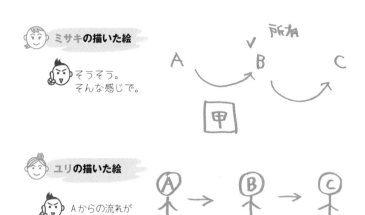

ミサキの描いた絵

そうそう。
そんな感じで。

ユリの描いた絵

Aからの流れが
わかるからオッケー。

それではね、ABCの3人が登場してきて、移転登記がどうしたこ
うしたという、おんなじような問題があるから、ついでにそれもやっ
てみようか。

Q 問 題 例

〔平成2年　本試験問題　問4〕

A所有の土地が、AからB、Bから善意無過失のCへと売り渡
され、移転登記もなされている。この場合、民法の規定によれば、
次の記述のうち、誤っているものはどれか。

いわれる前に、超訳をつけちゃいまぁ〜す。

わぁーい‼

助かりまぁーす。

> ⭐**ダイナマイト超訳**　Aは所有地をBに売った。そしたら、Bはその土地をCに転売した。いまの所有者はC。ちゃんとCは自己名義で登記もしている。おまけにCは、AB間の売買がどういう事情で行われたのかまったく知らない。さてこんな状況のなか、選択肢1から4に書いてあることのうち、誤っているものはどれでしょう。民法を使って考えてね。

この問題でも、キーワードとして「善意無過失」っていうのが出てきているから、こんな感じで絵にいれておこう。

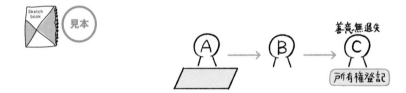

 あのぉー、せんせー。

 はいはい。

 すみません、善意無過失ってなんですか?

 あ、ごめんごめん。

📖　善意無過失とは

「善意」というのは「事情を知りません」という意味。「無過失」とは「(事情を知らないことに)こちらはまったく落ち度はありません」というような意味。たいていの場合、「善意無過失の第三者」は法的に最強。民法の勉強をはじめるとさっそく登場するからお楽しみに!!

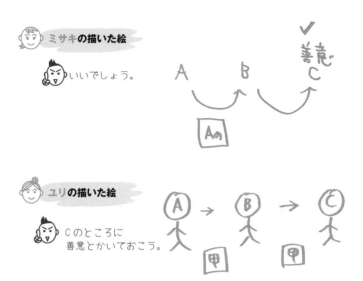

4日目

民法の攻略法

 じゃあ次は、3人以上出てくる問題だよ。

1-4 4人以上出てきて、状況がややこしいパターン

Q 問題例　〔平成5年　本試験問題　問3〕

Aが、その所有地について、債権者Bの差押えを免れるため、Cと通謀して、登記名義をCに移転したところ、Cは、その土地をDに譲渡した。この場合、民法の規定及び判例によれば、次の記述のうち正しいものはどれか。

債権者Bだ、差押えだと、ちょっと読むのがめんどうでしょうから、はい、超訳にて。

> ☆ **ダイナマイト超訳**　AはBからお金を借りていて「返せ」と迫られている。でもAが返さないので、債権者BはA所有地を借金のカタに取り上げて（差し押さえて）競売しようと目論んでいる。それを阻止したいA。「そうか、その土地の名義がオレになっているからまずいんだ」と気づいたAは気心の知れたCに「土地の所有権を移転したという形にしておいてほしい」と持ちかける。それをCが了承したので、土地の登記名義をCに移転しておいたら、なんと、Cは、自己名義になっているのをいいことに、Aを裏切ってその土地をDに売ってしまったのでありました‼　さぁたいへん‼　さてこんな状況のなか、選択肢1から4に書いてあることのうち、正しいものはどれでしょう。民法や判例を使って考えてね。

 債権者B、第三者Dが出てくるので、ちょっとむずかしかったかな。こういう問題が出てきたら、こんなふうに描いてみよう。

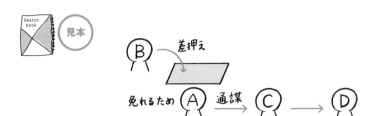

せんせー、債権者ってなぁに？！

あ、ごめんごめん。すっごくかんたんにいっちゃうと、まずね、債権者っていうのは「カネを返せ・カネを払え」っていえるほうの人と理解しておいてね。お金を払わなくちゃいけない立場のほうを債務者といいます。

ミサキの描いた絵

ACDの流れがわかるからよし。

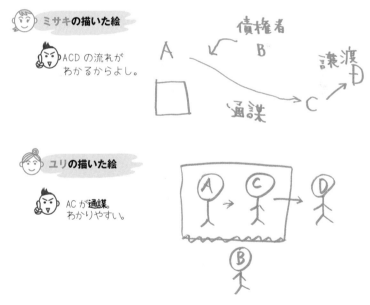

ユリの描いた絵

ACが**通謀**。わかりやすい。

はい、ここで、ポイントレッスン!!

わーい＼(^o^)／

なんでしょうか!!

 さっき、債権者だ債務者だっていったけど、債権や債務っていう言葉がでてきたとたんに、はじめてだと、なんかむずかしく感じるでしょ。

 そうなのセンセー。

 とりあえずさ、債権って出てきたら「カネ払え」っていえる権利だと、さっきやったよね。カネを払わなきゃいけない立場のほうが債務者ね。

 はい、なんとなくわかります。

 この「カネ払え」っていう話なんだけど、カネっていっても代金の場合もあれば借金の場合もあるでしょ。なので「代金を払え」っていうんだったら代金債権、「貸したカネ返せよ」だったら貸金債権といったりもするよ。

 なるほど。債権だ、債務だっていっても、そんなむずかしい話じゃないのね。文章の意味がわかればどうってことないのかしら。

 そうそう。要は慣れってことかも。じゃさ、これ、どっちが債権者でどっちが債務者か、わかる？　ちょっと描いてみてね。

> **ポイントレッスン ― その1**
>
> ## AはBに対して金銭債権を有している。

 Aが金銭債権を有している。Bに対して有している。そういうふうに読んでみるとわかりやすいでしょ。債権者はAだよね。債権者から債権という矢印が債務者に出ているようなイメージはどう？

見本

オッケー。

オッケー。

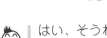 はい、そうね。いいでしょ。オッケーです。つぎはこう書いてあった場合はどうする？

> **ポイントレッスン ― その2**
>
> **AはBに対して金銭債務を負っている。**

 Aは金銭債務を負っている。Bに対して負っている。ということで、Aが債務者だよ。いちおう整理しておくと、「債務」は「負っている」で、「債権」だったら「有している」という書き方になる。

ミサキの描いた絵

オッケー。
いいでしょう。

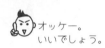

ユリの描いた絵

金銭債務じゃなく
て、金銭債権だね。

債権・債務になれてきたところで、では、どどぉーんと「債権・債
務が出てくるパターン」を、続々と登場させちゃいましょう。

1-5　債権・債務が出てくるパターン（消滅時効編）

Q 問 題 例
〔平成9年　本試験問題　問4〕

AがBに対して有する100万円の貸金債権の消滅時効に関する
次の記述のうち、民法の規定及び判例によれば、誤っているもの
はどれか。

消滅時効っていう言葉、聞いたことある？

 うん、ありまぁーす。

 わたしもあります。

 カネを払えっていうのが債権だって、さっきかんたんに説明したけど、債権ってさ、ほうっておくと時効で消滅しちゃうのね。債権がさ、時効で消滅しちゃうとどうなるかわかる？

 債権がなくなっちゃうから、カネ払えっていえなくなっちゃうってこと？

 そうそう。そんなことをふまえつつ、絵を描いてみよう。

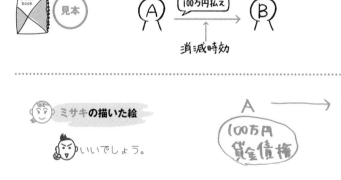

 いいでしょう。

 債権が「消滅した」っていうことも書いとくともっといいかも。

127

1-6 債権・債務が出てくるパターン（債権の譲渡編）

Q 問題例　〔平成23年　本試験問題　問5〕

　AがBに対して1,000万円の代金債権を有しており、AがこのAがこの代金債権をCに譲渡した場合における次の記述のうち、民法の規定及び判例によれば、誤っているものはどれか。

それでね、この「債権」なんだけどさ、他の人に売ったりできるのよ。

> **☆ダイナマイト超訳**　債権者Aは、AがBに対してもっている「代金1,000万円払え」っていう代金債権をCに譲渡した。するとこんどはCが新債権者になるわけなんだけど、そのあたりに関することで、選択肢1〜4で書いてあることのうち、誤っているのはどれでしょう。民法と判例を使って考えてね。

債権譲渡っていうの、聞いたことある？

ありません。

まぁフツーの女のコの日常生活を考えてみれば、債権を売ったり買ったりはしないからなー。

そうなのせんせー。日常生活でやってないことが出てくると、そんなことできるのかなぁーって、悩んじゃったり。

しませんねー、きっと、一生しないかも（笑）

まぁそうだろうね。たしかに自分たちの日常生活ではやんないような話なんだけど、そんなのがズバズバ出てくるのが宅建試験。とくに民法の問題はね。しょうがないからさ、ある種の「物語」として楽しんじゃおうよ。ね。楽しんじゃおうぜ。

 はぁーい、受験勉強のエンタメ化、ですね。

 えーと、「債権を譲渡する」っていうのが、イメージしにくいんだろうけど、「債権」という財産を他の人に売っちゃうんだ、というようなことなので、こんな感じがいいかな。

4 日目

民法の攻略法

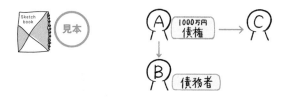

 **ミサキの描いた絵**

 AとCを横に並べて、BはAの下に。

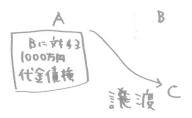

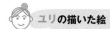 **ユリの描いた絵**

 BはAの下のほうがいいかも。

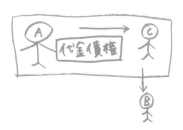

1-7 代理人が出てくるパターン

Q 問題例

〔平成18年 本試験問題 問2〕

AはBの代理人として、B所有の甲土地をCに売り渡す契約をCと締結した。しかし、Aは甲土地を売り渡す代理権を有していなかった。この場合に関する次の記述のうち、民法の規定及び判例によれば、誤っているものはどれか。

代理人の問題だと、どうしたって登場人物は3人くらいにはなっちゃうよね。

ですね。はい、せんせー、なんかこの問題もめんどくさそうだから、プリーズ超訳♪

> ☆ダイナマイト超訳　うそー、AはBの代理人じゃなかったんだって。代理人じゃないのに、B所有の甲土地をCに売っちゃったんだって。これちょっとまずいでしょ。こんな場合に関することで、選択肢1～4のうち、誤っているのはどれでしょう。民法と判例を使って考えてね。

では、代理人が出てくる問題をやってみよう。いつものようにA、B、Cという感じなんだけど、代理人を描くポジション、ちょっと工夫してみてね。

なんかこの問題、ややこしそうですねー。

ワタシもそう思った。「Aは甲土地を売り渡す代理権を有していなかった」っていうのが、なんかイヤ。

 そうそう。「代理権がないのに代理人として契約しちゃう」というパターンを**無権代理**っていうんだよ。この問題でいうと、Aが勝手にBの代理人だとして契約しちゃってるよね。

 はい。

 この場合はどういうふうになるかというと、もちろん勝手に代理されたBには責任が発生しない。つまり、BはCに土地を売り渡す義務はないのね。

> 📖 「代理権を有していなかった」とは
>
> Aは勝手に「Bの代理人だ」といってCと取引したという意味合い。こういうのを**「無権代理」**という。勝手に代理されたBはいい迷惑。なので原則として責任を負わない。

 ややこしーことしないでよぉ〜、Aさぁーん。

 そのうち代理のところで勉強しましょう。とりあえず、絵を描いてみようか。

4
日目

民法の攻略法

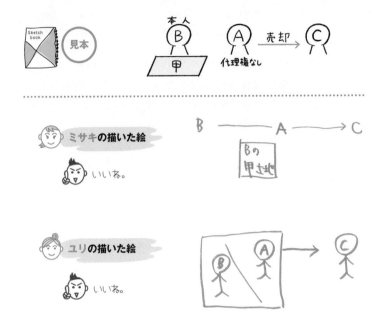

誰が本人で誰が代理人なのか。この問題だとBが本人でAが代理人。本人Bをいちばん左に書いて、真ん中に代理人、そして取引の相手方Cをいちばん右に。ミサキちゃんの絵がオーソドックスかな。ユリちゃんの絵もなかなかセンスがよく、「本人の代わりの代理人」ということだからひとくくりにしてある。そうなんだよね、本人の代わりっていうことだからね。すばらしい!!

1-8 保証人が出てくるパターン

Q 問題例
〔平成15年 本試験問題 問7〕

Aは、Aの所有する土地をBに売却し、Bの売買代金の支払債務についてCがAとの間で保証契約を締結した。この場合、民法の規定及び判例によれば、次の記述のうち誤っているものはどれか。

> ⭐**ダイナマイト超訳**　Aは自分の土地をBに売ったん
> だけど、代金支払いについてはCが保証人になっている。
> もしもBが代金を支払えなくなったら、Cから回収し
> ちゃえばいい。そのあたりの話に関することが書いてあ
> る選択肢1〜4のうち、誤っているのはどれでしょう。
> 民法と判例を使って考えてね。

 代理人を出題するときも登場人物は3人以上となりますけど、こん
どはね、またちょっと違ったシチュエーションでね、保証人が登場
するパターンです。

 保証人って、他人の借金とかの保証人になっちゃうっていう、アレ
ですか。

 そうそう、アレです。ね、ね、ミサキちゃん、オレがおカネを借り
るときさ、保証人になってくれる?

 イヤです（きっぱり）。

 わたしも、遠慮しときます（笑）

 保証契約とは

保証人となる契約のこと。保証契約は債権者（A）と保証
人（C）との間で結ぶ。「保証人になってもらえますか」「は
い、いいですよ」と、なんとなく債務者（B）と保証人（C）
との間で保証契約を結ぶような気がするかもしれないけ
ど、そうじゃないんだな。

 保証人の場合はね、左側に債権者Aとして、右に債務者B。そして
保証人なんだけど、保証契約は債権者と保証人との間で結ぶという
ことと、保証人は債務者の控えという立場ということもあって、こ
んな感じに描くとわかりやすいよ。

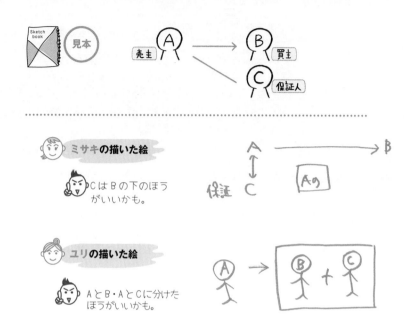

じゃあね、次も保証人の問題でね。前の問題とおんなじようなんだけど、こんどはCが連帯保証人というパターン。

〔平成10年 本試験問題 問4〕

Q 問題例

AがBに1,000万円を貸し付け、Cが連帯保証人となった場合に関する次の記述のうち、民法の規定によれば、正しいものはどれか。

連帯保証人となると、また立場とか描く位置が変わってきたりするんですかぁー。

いや、変わんないんだけどね。この場を借りて、連帯保証人のことをちょっとだけ説明しておこうかと。

連帯保証人とは

保証人の前に「連帯」がついていると最悪。普通の保証人であれば、債権者から「払え」と言われても「まず債務者のほうにいってもらえますか」とか「債務者の財産から回収してください」といえるんだけど、連帯保証人だとそうはいかない。「債務者と連帯します」というような意味合いになって、自分の借金じゃないのに「自分が借りた」というような扱いとなる。債務者が夜逃げでもしようものなら、たいへんな目にあう。連帯保証人となったばかりに想定外の債務を背負わされたあげく、自己破産や自殺に追い込まれるケースが後を絶たない。

4 日目

民法の攻略法

連帯保証人っていっても保証人なんだから、左側に債権者Aとして、右に債務者B。そして保証人はその下の位置で描いておこう。

 ミサキの描いた絵

CはBの下にね。

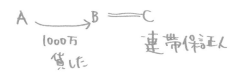

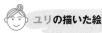 **ユリの描いた絵**

AとB・AとCを分けてみよう。

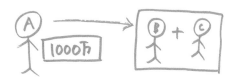

1-9 抵当権を設定しているパターン

Q 問題例

〔平成10年 本試験問題 問5〕

Aは、Bから借金をし、Bの債権を担保するためにA所有の土地及び建物に抵当権を設定した。この場合、民法の規定及び判例によれば、次の記述のうち誤っているものはどれか。

> ☆ **ダイナマイト超訳** Aは、自分の土地と建物に抵当権を設定して、Bからカネを借りている。そのあたりの話に関することが書いてある選択肢1～4のうち、誤っているのはどれでしょう。民法と判例を使って考えてね。

 抵当権っていう言葉は聞いたことあるでしょ。

 なんとなく。住宅ローンを借りるときとか。

 そうそう、マンションに抵当権を設定して銀行からおカネを借りるとかね。この「抵当権」を主人公にした問題もよく出ます。

 もし、借りたおカネを返せなくなったらどうなっちゃうの?

 おカネを貸した銀行が、裁判所を通して抵当権を設定しているマンションを競売しちゃいます。「抵当権の実行」っていったりすることもあるけどね。

 銀行が、競売で売れたおカネを借金のかわりにもらうということになるのかしら。

 そうそう。不動産の取引と抵当権、これ密接な関係があるから、宅建試験でもちょくちょく出てくるんだよね。

「土地及び建物に抵当権を設定」とは

たとえば「土地付き一戸建て」の場合、「土地」は土地として、「建物」は建物としてそれぞれ別の財産として所有していると考える。「土地及び建物に抵当権を設定」とは、土地は土地として抵当権を設定し、それとは別に建物にも抵当権を設定したということ。

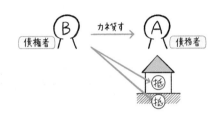

 ミサキの描いた絵

建物が出てこない!!

 ユリの描いた絵

土地と建物が出てこない!!

ちょっとこれは難しかったかも。「土地と建物に抵当権を設定する」ということと「AがBから借金をする」ということをどう描くか。まぁたしかにまったくはじめてだと「なんのこっちゃ?」だよね。

ですよねー。でもねせんせー、なんかちょっとずつだけど、たのしくなってきました。

うん、わたしも。

そういってもらえるとうれしいよ。ありがとう。じゃあ次はね、またちょっとパターンが変わって、建物を借りているっていう問題。やってみよう。

1-10 建物を借りて住んでいるパターン

Q 問題例　　　　　　　　　　　〔平成22年　本試験問題　問12〕

Aは、B所有の甲建物につき、居住を目的として、期間2年、賃料月額10万円と定めた賃貸借契約（以下、この問において「本件契約」という。）をBと締結して建物の引渡しを受けた。この場合における次の記述のうち、民法及び借地借家法の規定並びに判例によれば、誤っているものはどれか。

☆ ダイナマイト超訳　　　AはBから、B所有の居住用建物を期間2年、家賃10万円で借りて住み始めた。そのあたりの話に関することが書いてある選択肢1～4のうち、誤っているのはどれでしょう。民法や借地借家法、判例を使って考えてね。

 こんどはさ、建物を借りて住むというような問題文のイメージ作戦。

 チンタイっていうやつですか？

 そうそう。チンタイ。賃貸人と賃借人というのが登場します。賃貸人のほうが貸している側で、賃借人のほうが借り手ね。賃借人がもつ権利のことを「賃借権」といったりします。

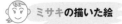

BとAを入れ換えていた
ほうがいいかも。

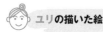

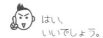 

はい、
いいでしょう。

 これはそうね、そんな感じですね。建物を借りて住むということだから、イメージしやすかったかも。次も賃貸借なんだけど、土地を借りて建物を建てるというパターン。いわゆる借地だよ。

1-11 土地を借りて建物を建てているパターン

Q 問題例　〔平成15年　本試験問題　問13〕

Aが、Bに、A所有の甲地を建物の所有を目的として賃貸し、Bがその土地上に乙建物を新築し、所有している場合に関する次の記述のうち、借地借家法の規定によれば、誤っているものはどれか。

> ☆ **ダイナマイト超訳**　BはAから土地（甲地と呼んで
> おこう）を借りて建物（乙建物と呼んでおこう）を建てた。
> そのあたりの話に関することが書いてある選択肢1〜4
> のうち、誤っているのはどれでしょう。借地借家法を使っ
> て考えてね。

 じゃあこんどはね、建物じゃなくて土地を借りるというパターン。
土地を借りて建物を建てよう、と。そんなシチュエーション。

 借地とか借地権とかいっているやつですか？

 そうそう。このパターンは毎年出題されてるのよ。なので、イメージ作戦、サクッとやってみよう。

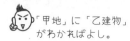

「甲地」に「乙建物」
がわかればよし。

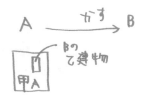

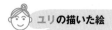

 こちらも「甲地」に
「乙建物」がわかれ
ばよし。

土地を借りて建物を建てる。単に「建物を借りる」というパターンとちがって、むずかしかったかも。次はね、またちょっとパターンが変わって、みんなで不動産を共有している。そんな問題です。

1-12 不動産を共有しているパターン

Q 問題例　〔平成18年　本試験問題　問4〕

> A、B及びCが、持分を各3分の1として甲土地を共有している場合に関する次の記述のうち、民法の規定及び判例によれば、誤っているものはどれか。

 共有って、聞いたことあるでしょ。

 ヨットを共有するとか、別荘を共有するとか？

 そうそう。あとはね、夫婦でマンションを共有するとかね。で、この共有っていうシチュエーションだと、持分という考え方が出てくる。

 持分ですか？

 たとえば建物を3人で共有するとしよう。で、とくに取り決めがなければ3人の持分はそれぞれ3分の1ずつ。

 あ、じゃあ、1つの所有権をみんなでちょっとずつ持っているっていうイメージかしら。

 そのとおり。年間の維持費が30万円かかるっていう場合だったら、共有者一人あたり年間10万円の負担ということになる。その不動産を貸して利益が出たら、それも持分で分けあうと。まあそんな感じの人間関係となります。

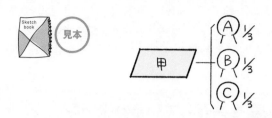

甲土地と ABC をあけ
た方がいいかも。

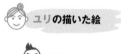

甲土地は 1 つとしたほ
うがいいかも。

これもちょっと初心者だとイメージしにくいのかも。ユリちゃんの
パターンだと、それぞれ土地を個別に持っているという感じがしちゃ
うよね。

そうなんですぅ。どうしようかって思ってて……。

1 つの不動産をみんなで所有していて、それぞれに持分があるって
いうイメージなんだけどね、最初はちょっととまどうと思うよ。

はぁーい。めげずにやってみまぁーす。

うん、ありがとう。で、えーとあとね、取り上げておきたいのは相
続だな。相続人の話。どういう家族関係なのか、家系図みたいなの
も描けるようになっておいてもらいたいなー。

そんなのも宅建試験で出るんですか‼

 出るよ。毎年1問。登場するのは相続人とか被相続人。えーと、どっちが死んだ方か、わかる？

 死んだ方は、被相続人ですか？

 そう、ユリちゃん正解。相続するのが相続人。

1-13 相続が発生したパターン

 問題例　　　　　　　　　　　　〔平成5年　本試験問題　問13〕

> Ａが、5,000万円相当の土地と5,500万円の負債を残して死亡した。Ａには、弟Ｂ、母Ｃ、配偶者Ｄ及びＤとの間の子Ｅ・Ｆ・Ｇ並びにＥの子Ｈがいる。この場合、民法の規定によれば、次の記述のうち正しいものはどれか。

 まず、家系図を書いてみましょう。今回はそこまででいいよ。

4日目 民法の攻略法

見本

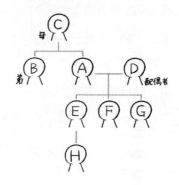

....

 ミサキの描いた絵

弟Bが「子」と
おなじように見
えちゃう。

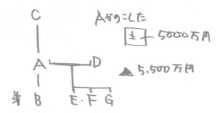

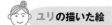 ユリの描いた絵

母Cと弟Bが夫婦
のように見えちゃ
う。

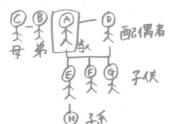

 意外とむずかしいでしょ、家族の関係を描くのって。

 むずかしいー。

 配偶者や子どもはいいんですけど、弟とか、どこ？　みたいな。

 まぁほら、こういうのって1回やっておけば、コツがわかるからだ
いじょうぶじゃないかな。

 はい。せんせーのをみて、わかりました。

よかったぜ。あ、ちなみにね、この問題で相続人になれるのは、配偶者Dと子E・F・G。法定相続分っていうのがあって、どうなっているかというと、配偶者が2分の1。残りの2分の1を3人の子で分ける。ということは、子は6分の1ずつとなるかな。

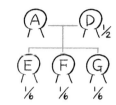

 せんせー、この問題だと、負債のほうが多くないですか？

 うん、そうだね。

 この場合、相続ってどうなっちゃうんですか？

 借金も相続の対象となるよ。「5,000万円相当の土地と5,500万円の負債を残して死亡した」ってあるから、もしその負債が借金だとすると差し引き500万円の借金が残っているということだよね。ほうっておくと相続人は借金を背負い込む。

 やだー。財産があったらほしいけど、借金は払いたくなぁーい。

 せんせー、そんな場合はどうしたらいいですか。

 そうだね、たとえば相続を放棄。放棄しちゃえば相続人とは扱われないから、借金があったとしても、無関係。あとは限定承認っていう方法もある。

 限定承認？

 えー、せんせー、それってどんなの？

 カンケツにいうと、プラスがあれば相続するけど、マイナスがプラスを超えていたら、その残債務は払わないというもの、くわしくは私の本「合格しようぜ！ 宅建士 基本テキスト 音声35時間付き」の講義を聞いてみて。

はぁーい。

 聴いてみます。

 うん、よろしくね。さて、じゃあ「イメージ化」大作戦はだいたいこんなもんかな。あとは問題を実際に解いたときに、あれこれ工夫してみてね。

 じゃあ、せんせー、わたしはこのあたりで。ありがとうございました。これからバイトに行ってきます。

 ユリちゃん、お疲れさま。つきあってくれて、こちらこそありがとう。

2 目からウロコの第2弾 『以外と有効!! 当たり前じゃん』大作戦

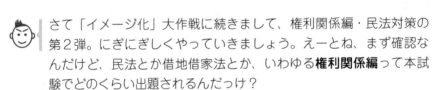

 さて「イメージ化」大作戦に続きまして、権利関係編・民法対策の第2弾。にぎにぎしくやっていきましょう。えーとね、まず確認なんだけど、民法とか借地借家法とか、いわゆる**権利関係編**って本試験でどのくらい出題されるんだっけ?

 14問でーす。〔問1〕〜〔問14〕でーす。

 だよね。で、このうち、純粋に「**民法**」はどれくらいだったでしょーか。

 えーと、**10問**でーす。

 ピンポーーン。そうだね。さっきもやったけど、いちおう確認しておくと〔問1〕〜〔問10〕が**民法**からの出題で、〔問11〕と〔問12〕が**借地借家法**。

 そして、〔問13〕が**区分所有法**で、〔問14〕が**不動産登記法**。

 おぉー、すごいすごい、やるなー。

はい、そりゃもう。おかげさまで、燃えてますからっ!!

 でね、民法をはじめ、この権利関係編が苦手だっていう人が、じつは多かったりする。

 っていうか、どの分野もつまんなくてヤダー、宅建の受験勉強なんてしたくなぁーーいっていう人が、ニッポン全国いっぱいいるんじゃないですかぁーーっ??

 ……だよね。

 だよね(^^ゞ

 だよねー、だよねー、ゆっきゃないかもねそんなときならね♪

 ……古いっすけど。

注：DA.YO.NE

＊フリー百科事典　ウィキペディアより抜粋して引用
「DA.YO.NE」（ダ・ヨ・ネ）は、EAST END × YURI の1枚目のシングル。1994年8月21日発売。発売当初はさほど注目されなかったが、北海道では FM NORTH WAVE が「DA.YO.NE」をヘヴィー・ローテーションの対象としたことで早くから話題に。翌1995年に入ると全国的に CD の売り上げが急上昇し、最終的にはオリコンの週間チャートで最高7位にまで上昇。日本のヒップホップ CD で初となるミリオンセラーを記録。

 えーと、えーと、えーと。

 話を戻すと。

 そうそう、まぁたしかに、民法がイヤっていうか、苦手っていう意識もわからなくもない。言葉がむずかしいうえに……。

 そもそも「これって日本語なんですかぁー」っていう状態におちいる（きっぱり!!）。

 だからベンキョーする気にならなぁーい、ということでしてね。でもね、なんていうかね、ちょっとねばって読んでみれば、意外とわかったりする。

ふむふむ。

さっきのイメージ化大作戦で、なんとなくだけど、とっかかりはつかめたかなと。でね、ここではね、もうひとつの読解力アップ作戦をやってみようかと。

わぁーい。いいですねー。で、せんせー、どんな作戦でしょ？

法律なんてね、しょせんは常識のかたまりなんだからさ。

……はい。

問題を読んでみて、こんなこと、世の中的にオッケーなのかを考えてみるっ!!

おぉー。

民法の規定なんてよくわかんなくても、なんとかなっちゃう。

……ホントにーーーっ？？

ということで、今度の作戦は名付けて、『意外と有効!! 当たり前じゃん』大作戦。

パフパフパフパフ〜♬

どんどんどんどんっ!!!　それではさっそく、いってみよーーっ!!

Q 問題例

Aは甲土地を「1,000万円で売却する」という意思表示を行ったが当該意思表示はAの真意ではなく、Bもその旨を知っていた。この場合、Bが「1,000万円で購入する」という意思表示をすれば、AB間の売買契約は有効に成立する。

4日目

民法の攻略法

> ⭐**ダイナマイト超訳** Aは「この土地を1,000万円で売ってやるぜ」ってBに冗談でいってみた。もちろんBも「なにいってんの。」と冗談だってことは知っていた。この場合、Bが「そしたらよぉー、がっはっは。オレが1,000万円で買ってやるよぉ〜」っていったら売買契約は成立する。

 どお？

 えー、成立するわけないじゃないですかー。当たり前じゃん。×でしょ。

 そうそう、ね、当たり前でしょ。

 わ、ほんとだ。

 問題の文章がコムズカシイ感じで書いてあるから構えちゃうけど、ほらね、ダイナマイト超訳でやってみれば、別にたいした話をしているわけじゃないのよ。

 ふーん、なるほど!! それならわかるかもーー。

 だから名付けて、誰でもできる『意外と有効!! 当たり前じゃん』大作戦なのだっ。

 きゃー、せんせー、ステキっ!!

じゃあ、次も見てみよう。

Q 問題例
〔平成19年　本試験問題　問1〕選択肢2

　ＡＢ間の売買契約が、ＡとＢとで意を通じた仮装のものであったとしても、Ａの売買契約の動機が債権者からの差押えを逃れるというものであることをＢが知っていた場合には、ＡＢ間の売買契約は有効に成立する。

☆**ダイナマイト超訳**　ＡＢ間でインチキ売買。あたかも売買契約をしたように装ったんだけど、こんなのは無効。でもね、その理由がＡの財産隠しだということをＢが知っていた場合、ＡＢ間でのインチキ売買は有効になる。

 これはどお？

 えー。やだーちょっと、せんせー、そんなの有効になるわけないと思うんだけどな。だから×でしょ。ふつうに考えたってわかるかも。んー、なんか、バカにされているのかしら、わたしたち受験生のこと。

 そうそう、バカにされているんだよ、あっはっはー。

 あっはっはー、じゃないでしょセンセー（怒）

 はい、じゃあ、次もいっちゃおう。

Q 問題例　〔平成23年　本試験問題　問1〕選択肢1

A所有の甲土地につき、AとBとの間で売買契約が締結された。Bは、甲土地は将来地価が高騰すると勝手に思い込んで売買契約を締結したところ、実際には高騰しなかった場合、動機の錯誤を理由に本件売買契約を取り消すことができる。

☆**ダイナマイト超訳**　Bは、「この土地は高騰する」と勝手に思い込んでAから土地を買ったんだけど実際には高騰しなかった。この場合「高騰すると思って買ったのに高騰しなかった」という勝手な理由で契約をやめることができる。

 できるわけないよぉーーー（爆笑）。×です。

 こんなのオッケーとしちゃったら、もう、世の中たいへーん（笑）

Q 問題例　〔平成13年　本試験問題　問2〕選択肢3

AがBに住宅用地を売却した。Aが今なら課税されないと信じていたが、これをBに話さないで売却した場合、後に課税されたとしても、Aは、この売買契約が錯誤によって無効であるとはいえない。

☆**ダイナマイト超訳**　ふつう土地を売って利益が出たら課税されちゃうんだけど、なぜか「今なら課税されない」と信じたAは、Bに土地を売却した。そしたらやっぱりそれはまちがいで、あとで課税されちゃったとしても、いまさらAは、AB間の契約をなかったことにはできない。

 そんなことできないでしょっ……!!　これは○です。

こんな感じで、「こんなのがオッケーだったら、世の中たいへんだぁ〜」みたいな視点で眺めてみたら、まぁなんとかなる場合もあるから、めげずにがんばってみよう。

 はぁーい。

 とりあえず、あとは実戦を繰り返して感覚をつかんじゃおうぜ。

 りょーかいです。ちょっとがんばっちゃおうかな!!

3 目からウロコの第3弾 『あまり深く考えない』大作戦

 じゃあね、次はね、なにごともマジメに考え過ぎちゃうアナタ、人間不信気味なアナタ。

 なんですか、その、人間不信って？

 まぁ、なんていうかね、人のことを信じないというか、ウラを読み過ぎちゃうっていうか。

 恋愛でですか？

 受験勉強でだーっちゅうの!!! っていうか、恋愛だと、そうなの？

 えぇーと、それはヒ・ミ・ツ。

 ……（汗）

 話を戻すと。

 あぁー、そうそう、えーとね、民法なんていうのは、しょせんはね、あれこれと状況設定しての問題解決クイズにすぎないわけでね。

 といいますと？

取引でこんなトラブルがあったときは、民法のどの規定を適用して処理をするかと。なので、状況設定しての問題解決クイズっていってみたんだけど。

 で、もしかしてセンセー。

 はい？

 その状況設定が、なんか、ヘンだと。ヘンなときがあると。

 おぉー、そうそう、さすがオレの部下だけあるっ!!

 ……ちがうし。

 そんでだな、いろんな話、たとえば「代理人じゃないのに勝手に代理して契約しちゃったー」っていう無権代理の話とか、「ふたりで示しあわせてしたインチキ売買は無効」っていう通謀虚偽表示とかが出てきますけど、よぉーく考えてみたら、そんな民法の規定で解決するようなトラブル、ふつーの人だったら人生で経験するのかと。

 ……しない、かな。

 しないでしょ、たぶん。代理人じゃないのに勝手に他人の代理人だとして取引するなんてことやらないし。

 やらないです、きっと。

 ミサキちゃん彼とグルになって、ミサキちゃんの不動産を隠すために彼とインチキ売買して、彼名義にしちゃうとか。

 やらないです、きっと。

 そしたら彼が裏切って、その不動産をほかのセクシー女子に格安で売っちゃったり。燃える下ゴコロでさ。ぐひひ。

 しません、彼は。

 ……わかんないよぉーー。

せんせー、ケンカ売ってます？　わたしに。

 いえいえ、あっはっは、ぜんぜん……（汗）

 ……話を戻して。

 えーと、あとはそうだなー、詐欺や強迫にもあわないだろうし。それから、20年にわたり他人の不動産を占有して所有権を奪い取ったりしないし。

 ……そんな事例を出されてもピンと来ない、ってこと？

 そうそう、でね、唯一、ピンとくるのが相続。なのでみんな、相続は大好きみたい。とくに女性が……＼（＾o＾）／。もちろん、亡き夫の、その後の人生！！

 あ、アタシも相続好き。金持ちのダンナがいいーなぁー。ねぇ、センセーは金持ち？

 うん。もちろん。

 ……（疑念）

 ……（汗）

 話を戻して。

 あぁ、そうそう、「ピンと来ない」というか、ふつう、そんなことしないよねという状況設定が出てきたときなんだけどね。

 はい。

 どうしてそういうことをしたんだろうか、とか、どうしてそんなことになったんだろうか、みたいなことは考えない。

 深くは考えないで、そういうもんだと割り切っちゃいましょう、っていう感じですか。

 そうそう。それじゃさっそく、いくつか事例で見てみよう。

事例その1   〔通謀虚偽表示〕

> Aが、強制執行を逃れるために、実際には売り渡す意思はないのにBと通じて売買契約を締結したかのように装った。

★**ダイナマイト超訳** ＡＢ間でのインチキ売買。借金が返せないので自分の土地をとられちゃいそうなＡが、Ｂに事情を話して自分の財産隠しに協力してもらった。

4
日目

民法の攻略法

 さっきもちょこっとやったけど、あらためてこの事例。果たしてこんなことを、ふつーの OL とかが人生で経験するでしょうか？

 しないと思う。

 おともだちがするでしょうか？

 しなーい。

 彼氏がするでしょーか。

 ……くどいです!!

 きゃー、怒られたぁ〜。

 で、話を戻して。

 あー、でね、そうそう、宅建試験を受験する人って 20 万人くらいなんだけど、ほとんどの人は、そんなことした経験はないと思う。

 ですよね。

 だからね、勉強していても、どうもイメージがわかないと。

 うん、わかない。

 ならばですね、いっそのこと、こう思っちゃってください。

えー、どんな？

 まったくのフィクション・ファンタジーの世界。

 ということは、ふつうは経験しないような話が多いってことは、もしかして民法って、実際には役に立たないってことですか？

 はい。

 えっーー、ちょっとせんせー!!

 とりあえずさ、当面の目標は宅建試験に合格するために、ちょこっと民法を勉強してマークシートで当てちゃおうってことだから、『あまり深くは考えない』大作戦で乗りきろう。

 深く考えない？

 そうそう。さっきからいっているけど、こんなこと実際にあるのかな、とか、なんでこの人はこんなことをしたのだろうか、とか。あとはね。

 はい。

 たとえば「善意」って書いてあったらさ、ほら「善意」っていうのは「ある事情を知らない」っていう意味だったよね。

 えーと「悪意」だったら事情を知っているっていうことでしたっけ？

 そうそう。「AB間の売買について、善意の第三者Cは」って出てきたら、「あぁなるほどCは善意なのね。AB間の売買のいきさつなんて知らないのね」としておいて、「じゃ、こういう規定で処理だったわね」ってやってもらえればいいんです、はい。

 はい。

 なかにはね、「どうしてCは善意なんだろう」とか「どういう状況だったらCは善意を証明できるか」とか考えちゃう人もいるんだよね。

 なるほどねー。

と、まぁもろもろありますが、とりあえず、「ふつうはこんなことしないだろうなー」シリーズをいくつかピックアップしておきましょう。ダイナマイト超訳とあわせてお楽しみください。

✔ 事例その2

〔平成11年 本試験問題 問5〕選択肢1

AがBに対して不動産を売却した。Bの親友Cが、Aに直接代金の支払いを済ませても、それがBの意思に反する弁済である場合。

> ☆ダイナマイト超訳　Aから不動産を買ったBの親友Cが、Bから「おまえ、迷惑だからそんなことはしないでくれ」っていわれていたのに、Bの代わりに勝手にAに代金を支払った。

ほんとうに親友が、そんなことするか？

えぇー、しないと思う。

✔ 事例その3

〔平成5 本試験問題 問8〕選択肢1

Aが1,000㎡の土地をBに売却した。その土地を実測したところ700㎡しかなかった場合

> ☆ダイナマイト超訳　1,000㎡だよって言われて買ったのに、実測してみたら700㎡しかなかった。

4日目

民法の攻略法

そりゃこういうこともあるかもしれないけど、でもこれ、面積が少なすぎないかなー。なんかちょっとおかしくねーか？

 はい、たしかに。

 なんで買主は気がつかなかったんだろうか。

 ……ということは考えない。

 そうそう（笑）

✅ **事例その4**　　　〔平成24年 本試験問題 問6〕選択肢4

> Aが甲土地をHとIとに対して譲渡した場合。

⭐ **ダイナマイト超訳**　　Aがおんなじ土地を、HにもIにも売った。

 そんなこと、ふつーするか？

 しないと思う。

✅ **事例その5**　　　〔平成13年 本試験問題 問5〕選択肢1

> AからB、BからCに、甲地が、順次売却されたが、Aが甲地につき全く無権利者であった場合。

⭐ **ダイナマイト超訳**　　ある土地をAがBに売って、で、Bがその土地をCに売ったんだけど、そもそもAはその土地になんの権利もなかった。

えぇー、こんなことあるんですかー。もしあるとしたら、せんせー、Ａは悪いヤツじゃないですかっ。

 そうだね、悪いヤツだね。

 そんな取引に巻き込まれることなんて、普通は経験しないかも。そんな状況設定を出題するなんて、ちょっとどうなのかしら。

 そうそう、実際こんなことあるのっていう問題、まだあるよ。おかしな問題は続くよぉ〜、どぉーこまでもぉ〜♬

 事例その6 〔平成 19 年 本試験問題 問 10〕選択肢3

> Ａ所有の建物につきＡＢ間で売買契約が成立したが、引渡し期日前に買主Ｂの責めに帰すべき火災により滅失した場合。

☆ダイナマイト超訳 Ａが自分の建物をＢに売ったんだけど、引渡しをする前に、なぜかＢの失火でＡの建物が燃えてしまった。

 キャー、たいへん。Ａさんファミリーは無事だったんでしょうか。

 どーだろうね。

 どうやって買主Ｂが火災を起こしたんでしょうか？

 どーやってなんだろうねぇー。

 だってＡさんの家なんでしょ。

 そうだね。

 えぇー、まさか放火したのかな？

 どーなんだろうねぇー。

どうしてこんなことになったんでしょうか……。

 どーしてなんだろうねぇー。

事例その7
〔平成 11 年 本試験問題　問 10〕選択肢 1

　AからBが建物を買い受ける契約を締結した場合において、この建物がC所有で、CにはAB間の契約締結時からこれを他に売却する意思がない。

> ☆ダイナマイト超訳　AがBから建物を買ったんだけど、Bが売ったのはじつはCの建物で、でもCは建物を売る気がまったくない。

 えぇーっ、センセー、こんな契約を締結しちゃっていーのっ？？

 いいんだよ。

 無効とかにならないの？

 ならないよ。

 なんでBは、Cさんの建物を売っちゃったのかしら？

 なんでだろうねぇ……。

事例その8
〔平成 11 年 本試験問題　問 10〕選択肢 2

　AからBが建物を買い受ける契約を締結した場合において、Aがこの建物がAの所有に属しないことを知らない。

> ⭐ **ダイナマイト超訳**　　BがAから建物を買ったんだけど、じつはこの建物、Aのものじゃなかった。オマケに、なんと売主本人のA自身が「売ったのは自分の建物じゃなかった」ということを知らなかった。

 自分が売ったのが、自分の建物じゃなかったってことを、どうしてAは知らなかったのか？

 ……（無言）

 ……？

 ねぇせんせー。

 はい？

 そんなこと、考えなくっていいんでしょ。

 そうそう、そうでぇーっす。……とまぁこんなふうに「そんなバカなこと、ほんとにあるのかな」っていうのを、堂々と出題してきます。

 そんなおバカな状況が出題されていたら、それはそれで受け止めておく。

 そうです。そうそう。ひとつみなさん、どうかおおらかな気持ちになって、受け止めてあげましょう。

 はぁーい。

『イメージ化』大作戦

- 本書に掲載した**イメージ化大作戦の図例**を、とりあえず自分でも書いてみよう。
- 本書の事例以外でも、問題に取り組んだときは積極的に**イメージ化**してみるべし。
- イメージ化するために**問題文をよく読む**。それが読解力のアップにもつながる。
- そうこうしているうちに、イメージ化しなくても、すらすらと**問題が解けるようになる**日がくる。

『意外と有効!!　当たり前じゃん』大作戦

- 問題文はコムズカシク書いてあるけど、**たいした話をしていない**場合がある。
- 常識をはたらかせれば「**なんかこれはヘンだ**」とわかるような選択肢も多い。
- 結局、法律なんていうのは**常識の固まり**。そんな心得で。

『あまり深くは考えない』大作戦

- 民法の問題なんていうのは、あれこれと状況設定しての**問題解決クイズ**みたいなもの。
- ふつうに生活している一般人が**遭遇しないような状況設定**が多い。
- どうしてそんな状況になったんだろうか、とか、どうしてそんなことになったのだろうかみたいはことは考えないように。
- **深くは考えない**で、そういうもんだと**割り切ってしまう**。そんな心得で。

5日目

宅建業法の全体像

宅建試験での出題のメインは宅建業法編だ。問26から問45で、全20問の出題となる。宅建業法は消費者保護のために立法されたということを理解のベースにしておこう。すると、単に暗記ではなく、あらゆる規定の意味が理解できる。20問をぜんぶ得点しよう。

⭐ POINT!

- ■ 宅建業者（不動産会社）は全員悪人と思っておこう。
- ■ 宅建業の免許制度。不適格者には免許を出さない。結果的に消費者保護となる。
- ■ 誇大広告の禁止など、ほとんどが消費者保護のための規定だということを理解。

1 えぇー、全員悪人!! それが大前提??

 はい、では次に宅建業法編かな。えーと、この宅建業法編なんだけど、宅建試験でどれくらい出題されるかというと。

 なんと、にじゅーーもぉーーんっ!!

 そうそう、20もぉーん。

 きゃー、にじゅーもぉーーんっ!!

 そぉーなのだぁー、宅建試験に合格するには、とにもかくにも、この宅建業法編をガンガン得点しなければならないのだっ!! はっきりいおう。ここが得点源だっ!!

 おぉー、盛り上がって行こぉーー!!

 どこの専門学校も、そしてどの講師もおなじことをいいます。宅建業法編を制する者が、宅建試験を制すのだっ!!

めざせ全問正解。

 そうだ。その勢いだっ !! 宅建業法編は「勉強」を裏切らないっ !!
必ず結果が出るっ !!

 いやぁ〜〜んっ !!! ……となぜか絶叫してみました（笑）

 はい、そんな宅建業法編、問題を解くときのコツは、これだっ !!!

 なんですか？？？？

 キーワードは【全員悪人】。

 キャ〜〜っ !!! 映画「アウトレイジ」のキャッチコピーといっしょ !!!

5
日目

宅建業法の全体像

注：アウトレイジ

*フリー百科事典　ウィキペディアより抜粋して引用
『アウトレイジ』(OUTRAGE)は、2010 年 6 月 12 日に公開された日本映画。
北野武の 15 本目の監督作品。丸の内ルーブル、渋谷東急ほか全国東急系
にて公開された。キャッチコピーは「全員悪人」。過激なバイオレンスシー
ンや拷問シーンが数多く含まれるため、映倫で R15+ 指定を受けた。

 ほんとに全員悪人なんですかっ？？

 いやいや、極端にいうとね（笑）。まぁそういうつもりで宅建業法を
勉強すると「あーなるほどね」という規定がいくつも出てくるしね。
そのほうが理解が進むかと。

 あ、そういえば絶版になったセンセーの本「世界一おもしろいぶっ
ちぎり宅建」のテキストの、宅建業法編のはじめのほうにも書いて
ありましたけど、宅建業法が生まれた時代っていうか、社会背景。
あれを読んでみると、たしかになるほどねーと思います。

 でしょ。じゃあさ、その部分、ちょっと引用してみようか !!

世界一おもしろいぶっちぎり宅建・テキスト第2巻
第13講義　そもそも宅建業法ってなに？
～新聞記事でお勉強（番外編）～　＊絶版になった

新聞記事でお勉強 — 番外編

《記事概要》

終戦直後の残酷物語
～宅建業法が生まれた時代～

宅建業法が制定されたのは終戦直後。当時のニッポンはどんな状況だったかというと、そうだな、映画だったら「仁義なき戦い（第1作目）」を見てもらえば一発で理解できる。暴力のみ。弱いものは文字通り生きていけない。

仁義なき戦い

「仁義なき戦い」とは"実録映画・広島やくざ流血20年の記録"。「美能組」元組長・美能幸三の手記を映画化。暗殺、裏切り、報復…残虐な死闘の日々の中で怒り、苦悩する男たち。見せるナマの暴力！　昭和47（1972年）の年末封切。映画ポスターが貼られた瞬間から劇場が、街が、血と銃弾にまみれた戦場と化す。監督は、ご存知われらの巨匠！深作欣二！　わぉ〜!!!　だいすき。

　終戦直後。戦災のため大多数の都市が甚大な被害を受けており、まぁ、ひらたくいうと、建物（住宅）がぜんぜん足りない。というか、ない。燃えた。そこにもってきて復員兵やら疎開先から戻ってきた人が、これでもかこれでもかと大量に流入し、大混乱に拍車をかける。一説によると、住宅不足数は450万戸にも上ったそうです。

　そうなると、じゃじゃ〜ん！　俄然、力を発揮する連中も現れてくる。そう、悪質不動産業者。正確にいうと、不動産業者だと名乗っている悪者。「いい家を紹介しますよ、ダンナ」とか「ナイショですよ、これで家族も一安心ってやつだ」と言葉巧みに近づき、カネを受けとる。もちろん「やらずぼったくり」でドロン。そんな詐欺・横領が跋扈したのだった。

　裏を返せば、みんな生きるために必死。あいつをだまさなければ、ウチの子どもが飢え死にする。抱き合って焼け死んでいた母と子を引き剥がし、ふたりの隙間に隠れていた金をほじくって持っていく者、水死者の指を確認し、指輪がついていれば指ごと切り落とす者（…実話だそうです）。

　ちなみにですね、職業紹介や不動産仲介などの仲介屋や紹介屋、口入屋を規制する法規としては、戦前には「紹介営業取締規則」（警視庁令）というのがありました。がしかし、戦後に廃止されたため、この終戦時、まったく法的規制がない野放し状態。

　時代的には女衒も活躍していた。ちなみに女衒とは遊女の周旋、口入業者のこと。別称で玉出し屋、人買いとも。諸国を巡り歩き、貧しき家の親を口説き、娘を勧誘して娼家に売り飛ばした。いまでいうところのスカウトマンみたいなもんか。

　こういった状況に対して、一般消費者やホンモノの不動産取引業界から、事業の健全な発展を期するため、規制を行って悪質業者を排除すべきであるという声が高まり、昭和27年6月に「宅地建物取引業法」が制定された。

　ちなみに、田中角栄氏も法案提案者のひとり。この宅地建物取引業法は議員立法という形で成立したのだった。なお、田中角栄氏はこの当時、じつに精力的な活動をみせていて、氏が関与した議員立法は直接提出が33本、立案関与が200本強というのだからすさまじい。「わしゃいちばん法律にくわしい政治家じゃ」と豪語していたそうだ。うーん、たしかに…。

　どんな法律に関与していたかというと、道路法などの「国土開発系」とそのための「特殊法人系」だった。発展途上国だったニッポン。当時はそれが必要だったのだ。「日本道路公団」「首都高速道路公団」「日本鉄道建設公団」「日本住宅公団」「本州四国連絡橋公団」などの設立根拠法は、すべて氏が成立に関与している。他にも「住宅金融公庫」もね。

　おもしろいところだと建築士法も氏の手によるものだそうで、なにを隠そう"一級建築士"の第一号は田中角栄氏なのである。

　もし今の時代に角さんがいてくれたら、と思わないでもない。氏だったら、果たしてこの状況下、どんな政策を打ち出すのだろうか。氏のことだから、奇抜で骨太で、それでいて愉快なアイディアがきっとあるはず。そんな気がする。今だからこそ、パワフルな角さんに逢いたい。

　ということで、この終戦直後からの深刻な住宅不足を補うため、住宅（バラックに近いけど）をとりあえず建てようという機運が高まり、昭和25年には住宅金融公庫法、昭和26年には公営住宅法、そして昭和30年には日本住宅公団法が制定され、公共的な住宅供給を促進するための制度が確立されたのだった。また、住宅の最低の基準づくりが平行議論され、建築基準法が生まれることになる。

　当時の平均寿命は、昭和22年（1947年）で男50.06歳、女53.96歳だった。その後、昭和27年〜29年だと男59.57歳、女62.97歳。昭和30年代に入って、やっと60代に手が届いた。

 ということなんだけどね。

 正直にいって、終戦直後の大混乱なんて、ピンとこないです。

 だよね。じゃあさ、ま、おベンキョーがてら、こんど彼といっしょに東映映画「仁義なき戦い」を観たりしてみてね!!

 ……観てくれるかなぁ〜。草食系だし。

 あ、それで、ついでだからこっちも（ゴソゴソと本を取り出す）。この分厚い本、『宅地建物取引業法（大成出版社／岡本正治・宇仁美咲著）』にもね、こんなことが書いてあります。

> （終戦直後の未曾有の住宅難を背景にした）宅地建物の需要の急増は宅地建物の取引を盛んにし、これに介在する仲介業者が激増した。ところが宅地建物の需給関係の逼迫に乗じて不動産取引に参入した業者は、仲介取引が無資本で報酬を得られることもあって、概して資力に乏しく、不動産取引の専門的知識や経験がほとんどなく、さらに犯罪歴のある者までもが仲介業を営むことが少なくなかった。

 なんかせんせー、この時代、けっこうヤバそうですね……。

でしょ。さらにこう続くのだ。

> その結果、購入者等に対する手付金詐欺、預かり金横
> 領やこれに類する不正行為も多く、二重売買、登記・
> 引渡し等の不当な履行遅延、過大な報酬の要求、恐喝、脱税等
> の不動産犯罪を行う悪質な不動産業者が跳梁跋扈し取引関係者
> が不測の損害を被る事態となった。

 「不動産犯罪を行う悪質な不動産業者が跳梁跋扈」。なんか、すごい
事態ですっ !!!

 ね、すごいでしょ。まぁこういった犯罪的背景があっての、宅建業
法なのだ。で、宅建業法制定当初の目的は悪いことをするヤツらの
取り締まり。とくにインチキな仲介野郎が多かったので、仲介業務
に対する規制を主眼としていたのでありました。

 仲介っていうと？

 んー、かっこよくいうとブローカーかな。仲介、つまり紹介業。他
人と他人をつなげて利益をあげる業種。不動産に限らず、紹介業っ
ていっぱいあるでしょ。職業紹介とか恋人紹介とか。

 不動産の仲介をやるときって、宅建業の免許がいるんですよね？？

 そうだよ。不動産の仲介業、宅建業法では「媒介」っていってるけど、
はい、これも立派な宅地建物取引業になるよ。やるんだったら宅建
業の免許を受けなければならない。

 免許を受けてないと……。

 出たぁ～、闇のブローカー !!

 キャー、犯罪っ !!

 ……っていうような話はさ、「宅建業の免許制度」っていうところで

やるからさ、またそのうち勉強してみてね。

 はぁーい。

 で、この宅建業法なんだけど、いまはね、単に業者を取り締まろうっていうだけじゃなくて、一般消費者が安心して利用できる不動産業者を育成しようっていう面もあるんだよ。

 そうですよね、時代は変わりますもんね。変わるっていうか、落ち着くっていうか。さすがに終戦直後の大混乱っていうことはないですもんね。

 そうそう、そのとおり。その後に何回も改正されて、いまや単なる取り締まりだけにとどまらず、誠実な不動産業者の育成もしていこうっていう内容も盛り込まれています。じゃあさ、せっかくだから宅建業法の第1条を、ここでひとつ、見ておこうじゃないか。

 条文

＞ **宅建業法** ＜ **第1条（目的）**

> この法律は、宅地建物取引業を営む者について免許制度を実施し、その事業に対し必要な規制を行うことにより、その業務の適正な運営と宅地及び建物の取引の公正とを「確保」するとともに、宅地建物取引業の健全な発達を促進し、もって購入者等の利益の保護と宅地及び建物の流通の円滑化とを図ることを目的とする。

 ちょっと分析っぽいことをしてみると……。

目的を達成するための手段として

- 免許制度を実施する
- 事業に対し必要な規制を行う

その結果として

- 業務の適正な運営を確保
- 宅地及び建物の取引の公正を確保
- 宅地建物取引業の健全な発達を促進

そして究極的には

- 購入者等の利益の保護
- 宅地及び建物の流通の円滑化

 ふむふむ。究極的にはお客さんの利益の保護ってことなんですねー。

 うん。そういうこと。

2 不動産取引トラブル大研究 !!

 ちょっと話を進めてみるね。えーと、「宅建業の免許制度」っていうところでやる内容なんだけど、そもそも宅建業を営むには免許を受けなければならない。つまり、宅建業の免許がないと営業できない。

 はいはい。わかります。

 でね、悪質なヤツらが業界に参入してくるのを防ぐために「こういった連中には免許を出さない」という基準があってだな、これを欠格事由といったりするのよ。まぁこんなところから宅建業法編の勉強

171

がスタートします。楽しみにしていてね。

 りょーかいでーす。

免許が受けられない場合（欠格事由）の例

破　産　中	現在、破産している（破産者で復権を得ない者）
免　許　取　消	業務停止処分に違反するなどの悪質業務で免許を取り消されてから、5年経過していない
懲　役　刑　など	禁錮以上の刑（禁錮刑・懲役刑）に処せられてから、5年を経過していない
罰　金　刑 ①	宅建業法違反で罰金刑に処せられてから、まだ5年を経過していない
罰　金　刑 ②	刑法の傷害罪や暴行罪、脅迫罪などで罰金刑に処せられてから、まだ5年を経過していない

 そうそう、せっかくだから、不動産取引でのトラブルはどうやって発生するのか、そのプロセスをいちおう確認しておこう。

 えーっ、そんなプロセスがあるんですかっ!!

 ま、いちおう、一般にそういうふうにいわれてるんだけどね。だいたい次のようなパターンみたい。

とっかかり ………	悪質な不動産業者が、まず広告をする
ひっかかり ………	それを見た客を不当に誘い込む
ぼったくり ………	不動産取引に不慣れな顧客につけこみ、事実を告げなかったり不実を告げたり、または不利な契約内容を押し付ける

そしてトラブル発生と。

 あぁーなるほどねー。

 だから宅建業法で、誇大広告はするなとか、ウソついて契約するなとか、宅建業者に"にらみ"を利かすような感じで各種の業務規制があったりするのよ。

 へぇー。さっきの「目的」の条文でいうと「事業に対し必要な規制をする」とか「業務の適正な運営を確保する」とかですよね。

 そうなんだよね。だってさ、基本的にね、不動産って高価でしょ。だから一般消費者が「だまされたぁ〜」みたいなことになると、けっこう深刻なダメージがあるよね。無惨。悲惨。悲嘆。自己嫌悪。ね、かわいそうでしょ。

 そうですよね。でも一般消費者のほうも少しは勉強しておかないってことなんでしょうか。

 まぁな。でもね、勉強するっていってもけっこうたいへんなのよ。そもそも所有権だ抵当権だからはじまって、賃借権がどうの、物件に不具合があったときはどうするこうする、代金の支払いがなんだかんだと、結局フタを開けてみれば、とっても不利な契約内容になっていたとか。

 やだー、そんなの。

 それから都市計画法や建築基準法での規制なんかがあって、「えぇー、ここに家は建てられないのぉ〜」とか「再築できないなんて、そんなぁ〜」とか、こんなはずじゃなかったーっていう事態に巻き込まれたり。

 たとえば激安物件とかが危なかったり。

 「不動産に掘り出し物はなし」ってヤツか？

 そうそう、買ったはいいけど「えぇーそんな物件だったのっ!!」とか。

（5日目 宅建業法の全体像）

そんなのもあるよね。ということと次第で、やっぱりさ、取引に不慣れな「購入者等の利益の保護」をしてあげることが、「宅地及び建物の流通の円滑化」につながるしね、そんなわけで今日も我らの宅建業法は、がんばっているのだ。

 ありがとう、宅建業法 !!

 ではそんな宅建業法の規定のうち、宅建業者が業務を進めていくにあたって守らなければならない各種規制を、いくつか見て行きましょー。

 条文　◆ 信義誠実の原則 ◆　**第31条**

> 宅地建物取引業者は、取引の関係者に対し、信義を旨とし、誠実にその業務を行わなければならない。

 読んでのとおりなんだけど、宅建業者だって社会で共同生活する一員には変わりないわけだから、お互いの信頼を裏切らないように誠意をもって行動すること。

 わざわざこういうことが規定されているんですねー。

 この規定は宅建業法の制定当初からあるみたいよ。さっき見てきたような終戦直後の社会的事実を背景にして、とのこと。

 条文　◆ 秘密を守る義務 ◆　**第45条**

> 宅地建物取引業者は、正当な理由がある場合でなければ、その業務上取り扱ったことについて知り得た秘密を他に漏らしてはならない。

 宅地建物の取引を進めるにあたり、売主の事情や買主の資金の出どころ、その他家族構成やらなんやら、いろんな秘密を知ってしまう立場なのでこんな規定がある。

ほかの業種にも、守秘義務ってありますよね。公務員の守秘義務とか医者の守秘義務とか。

 そうそう、おんなじだね。

 条文 ◇ 誇大広告の禁止 **第32条**

> 宅地建物取引業者は、その業務に関して広告をするときは、当該広告に係る宅地又は建物の所在、規模、形質若しくは現在若しくは将来の利用の制限、環境若しくは交通その他の利便又は代金、借賃等の対価の額若しくはその支払方法若しくは代金若しくは交換差金に関する金銭の貸借のあっせんについて、著しく事実に相違する表示をし、又は実際のものよりも著しく優良であり、若しくは有利であると人を誤認させるような表示をしてはならない。

5日目

宅建業法の全体像

 せんせー、「又は」とか「若しくは」がいっぱい出てきてるぅーー‼

 だね。条文が長いので、以下、ちょっと分析。なんかいきなり授業っぽくてごめんね。

 だいじょぶでぇーす。ゆっくりやれば、そんなむずかしい話じゃないし。

宅地・建物の

「所在」「規模」「形質」
「現在若しくは将来の利用の制限」
「現在若しくは将来の環境」
「現在若しくは将来の交通その他の利便」

又は

175

代金、借賃等の

「対価の額若しくはその支払方法」
「代金若しくは交換差金に関する金銭の貸借のあっせん」

について誇大広告をしてはならない。

＊誇大広告

① 著しく事実に相違する表示
② 実際のものよりも著しく優良若しくは有利であると誤
　認させる表示

 実際の所在地を記載せずあたかも駅前にあるように広告したり、単なる山林なのにちゃんとした宅地のように装ったり、販売価格を実際の価格よりも安く表示するなど。そんなのは誇大広告。もちろんダメだよ。

 不動産の取引は、一般消費者が不動産広告を見ることから始まりますもんね。まさかウソだなんて。そんな誇大広告だったら、困りまぁーす。

 条文 🔶 **重要な事実の不告知や不実を告げる行為の禁止** 🔶　**第47条①**

> 宅地建物取引業者は、その業務に関して、宅地建物取引業者の相手方等に対し、宅地建物の売買・貸借の契約の締結について勧誘するに際し、重要事項や契約内容につき、故意に事実を告げず、又は不実を告げる行為をしてはならない。

 ふむふむ。せんせー、これは当然でしょ。

 取引の相手が不動産取引に不慣れなことをいいことに、故意に重要な事実を話さなかったり、不利益になることを伝えなかったりして契約を締結させようとすると宅建業法違反。

なんか、一種の詐欺なんじゃないですか、こんなの。ね、せんせー。

条文 〈 **不当に高額の報酬を要求する行為の禁止** 　**第47条②**

> 宅地建物取引業者は、その業務に関して、宅地建物取引業者の相手
> 方等に対し、不当に高額の報酬を要求する行為をしてはならない。

 わ、ぼったくっちゃダメってことですよね。

 そうそう。媒介（仲介）や代理をした不動産業者が受領できる報酬
額には一定の限度が設けられているんだけどね。そんなことは知ら
ない客もいっぱいいるでしょ。

 そうですよね。っていうか、せんせー、ふつうそんな報酬の限度額
なんて、知らないかも。

 だよね。だからそこにつけこみ限度額を無視して、不当に高額の報
酬を要求する行為は禁止。これも実際に受領したかどうかじゃなく
て「要求すること」自体が違反となるよ。

条文 〈 **手付を貸しつけての契約締結誘引の禁止** 　**第47条③**

> 宅地建物取引業者は、その業務に関して、宅地建物取引業者の相手
> 方等に対し、手付けについて貸付けその他信用の供与をすることに
> より契約の締結を誘引する行為をしてはならない。

 これって、どういう状況ですか？

 物件の下見に来た客が「手持ちのお金がないから」と契約することを
断ったのに、「手付を貸しますよ」とか「立て替えておきますよ」と
かいって契約を締結させようとすること。宅建業法違反なんだよね。

 「手付を貸してくれるんだったら、じゃ、思い切って買っちゃうか」

5
日目

宅建業法の全体像

みたいな心理状態にして誘い込むと。

 そうそう。安易な気分で契約締結しちゃうと、あとで多額な支払いに泣くよね。だから誘引は禁止。実際に契約が締結されたかどうかじゃなくて、契約が締結されていなかったとしても、手付金を貸すとかなんとかいって「誘い込む」こと自体が違反だよ。

条文 ◇ 利益が生じるとの断定的判断の提供禁止 ◇ 　第47条の2①

> 宅地建物取引業者は、宅地建物取引業に係る契約を締結するに際し、宅地建物取引業の相手方等に対し、利益が生ずることが確実であると誤解させるべき断定的判断を提供する行為をしてはならない。

 契約を締結させようとして「2～3年後には、この物件の値上がりは確実ですよ」とか「この物件を購入したら一定期間は確実に収益が得られますよ。損はしません」とか。

 ……なんかそういわれたら信じちゃうかも。不確実なのにそんなこと言っちゃうと、宅建業法違反となっちゃうんですね。

 「断定的判断の提供」っていう言葉が、新鮮でしょ。断定しちゃいけないんだよね。だって、わかんないんだしね。

条文 ◇ 威迫行為の禁止 ◇ 　第47条の2②

> 宅地建物取引業者は、宅地建物取引業に係る契約を締結させ、又は宅地建物取引業に係る契約の解除を妨げるため、宅地建物取引業の相手方等を威迫してはならない。

 きゃー、せんせー、威迫だってっ!!

 威迫とは、たとえば「なんで会わないんだよ」とか「契約しないと帰さないぞ」と声を荒げ、面会を強要したり、拘束するなどして相

手方を動揺させること、だそうです。

 そんな淡々といわないでくださいよぉ～。

 思い出すのは、かのバブル時代。そして光と影。かつての、荒っぽいオニーサンたちの地上げ行為がこれに該当するそうです。あとはね、そうだな、こんなのもあるよ。

 条文 **業務に関する禁止事項** **第47条の2③**

> 宅地建物取引業者は、宅地建物取引業に係る契約の締結に関し、相手方等の利益の保護に欠ける以下のようなことをしてはならない。

契約締結を判断する時間を与えない行為の禁止
正当な理由なく、当該契約を締結するかどうかを判断するために必要な時間を与えないこと。

 宅建業者さん、そんな、急にはムリです。えーと、契約するかどうかしばらく考えさせてほしいんですけど……。

 お客さん、なにノンキなこといってんだよ。ダメだよ。他にも客がいるんだから今日しか待てない。明日では契約締結はできなくなるよ。

 えぇーー、そんなぁ～。

 ほら、さぁここにハンコを押して。早くしろ。おらおらおらおらぁ～。

 いやぁーーん、助けて……。

 ということで「いつ契約するの？ 今日でしょ!!」みたいなことは禁止です。契約締結を不当に急がせてはなりませーん。

> ● **契約しないといっている客に対する勧誘の禁止**
> 　宅地建物取引業の相手方等が当該契約を締結しない旨の意思表示をしたのにも関わらず、当該勧誘を継続すること。

 しつこい勧誘、もうやめてくださぁーい!!

 お客さんが「いらない」「関心がない」「断る」といっているのにもかかわらず、何度も電話をかけるとか、「一度だけあって話を聞いてほしい」と面会を求めたりパンフレット類を送り続ける行為は禁止されてます。

 そんな営業は困りまぁーす!!

> ● **迷惑時間帯の電話の禁止**
> 　迷惑を覚えさせるような時間に電話し、又は訪問すること。

 早朝に来ちゃうとか。深夜に電話がかかってくるとか。

 早朝や深夜に電話や訪問することに限らず、お客さんの都合や意向に配慮しないままに電話をかけたり、自宅や職場を訪問してはいけません。

 そうですよねー。困りますぅ～。

> ● **困惑行為の禁止**
> 　深夜又は長時間の勧誘その他の私生活又は業務の平穏を害するような方法で相手によりその者を困惑させること。

 深夜というと夜11時ごろからの勧誘とか。長時間じゃなくても深夜の勧誘自体、私生活の平穏を害するよね。深夜じゃない時間帯だとしても長時間にわたる勧誘とかもね。一種の監禁かね。

こわーい。

 「困惑させる」とは、精神的に自由な判断ができない状況をいうみたいだよ。どうしたらいいのかわからず、断りきれない状態に仕向けちゃう。

 やだー、困りますぅーー。

 はい、ということで、いくつか規定をみてきましたけど。

 このへんのことも試験に出るんですか。

 出るよー。受験勉強をはじめたら、折りをみて「合格しようぜ！ 宅建士 音声付き過去 15 年問題集」とかを使って、ばっちり仕上げておいてね。

3 「なりきり仮面」ヘンシーン大作戦

 こんどはね、「なりきり仮面」ヘンシーン大作戦 !!

 なんですかそれ。でも、たのしそー。

 この宅建業法編なんだけど、いろんな手続き的なことがよく出題されててね。

 ……といいますと？

 たとえばさ、さっき、宅建業を営むには免許がいるっていったよね。

 はいはい。聞きました。

 免許を受けるためには、免許を申請しなきゃいけないんだけど、でもさ、そんな免許の申請だなんていわれても、ピンとこなかったり。

 んー、そうですね。そんな手続き、他人ごとみたいな感はありますよね。

 宅建業の免許の話をちょこっとしちゃうとだな、じつはね「国土交

通大臣の免許」っていうのと「都道府県知事の免許」っていう2種類があってね。あ、どっちがいい?

んー、大臣かな。なんかかっこいい感じ!!

うんうん。なるほど。でね、じつはさ、どっちの免許になるかというと、免許を受けようとする者の事務所の設置範囲によって決まるんだよ。

事務所?

そうそう、えーと、本店とか支店っていうほうがわかりやすいかな。たとえばね、株式会社宅建ダイナマイト不動産っていうのを設立しようとするとしよう。

はい。

最初はこじんまり、つまり事務所1つだけで開業しようと。

人数も少なく。

そうそう。最初は、ふたりでね。

……(無言)

な、いいだろ。

……ヤダ。

……(涙)

で、話を戻すと。

えーと、その事務所を東京都に出すとしよう。そうするとね、東京都知事免許っていうことになるのよ。

千葉県だったら、千葉県知事。埼玉県だったら、埼玉県知事と。そんな感じですか?

そうそう。たとえばね、東京都にいくつも事務所を出すとしても、

この場合は東京都知事免許になるのよ。あくまでも事務所の設置範囲。事務所の数とか従業員数とか、資本金などは関係ないんだよね。

都道府県知事免許
（甲県知事免許）

※1つの都道府県の区域内
　にのみ事務所を設置

 はいはい。

国土交通大臣免許

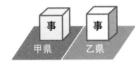

※2以上の都道府県の区域内
　に事務所を設置

 こんどはね、東京都と神奈川県に事務所を出すとするでしょ。そしたらね、国土交通大臣免許と。

 ほほぉ〜。事務所の設置範囲によると。

 そういうこと。じゃあね、東京都と神奈川県に事務所を出すとして国土交通大臣免許を受けていたんだけど、その後、神奈川県の事務所を撤収して東京都だけに事務所がある状態になりました。

 はい。

 さて問題です。この場合はどうすればいいでしょうか。

5
日目

宅建業法の全体像

どっち

1番 「大は小を兼ねる」だから、国土交通大臣免許のままでよい。

2番 東京都知事免許に換えなければならない。

 せんせー、3番と4番は？

 あ、ないです。

 なんだー。じゃあ、2番。

国土交通大臣免許 → 東京都知事免許に免許換え

 ピンポーン、正解です。まあね、こんな感じで、こういうふうになったら免許換えの申請をせよだとか、こんな場合はこんな届出をせよみたいな規定がけっこうあってね。「この場合はどんな届出をいつまでにするんですか」というようなことがよく出題されるのだ。

 えぇー、なんかめんどくさそー。

 そうだね。そう思うのも無理はない。この宅建業法とか、そのうち法令上の制限編でやることになる都市計画法とか建築基準法とかもそうなんだけど、実際に自分で家を売り買いしたことがあれば「あ、あの話か」というふうになったりすることもあるけど。

 ……ですよね。

 とくにね、はじめてベンキョーしよーなんていう人だと、なんていうかな、さっきミサキちゃんもいってたけど、どっか他人ごとみたいな感じで、教材を読んでいても、なんかおもしろくないと。

 あぁー、あるかも。そういう感覚。

これが民法なんかだと、買った商品に不具合があれば売主に文句がいえるとかさ、自分のこととして置き換えてみることもできたりするからね。

 ということだから、なんでしたっけ、
「なりきり仮面」ヘンシーン大作戦 でしたっけ!!

 おっ、覚えていてくれたんだ。サンキュー。とはいえ、こんな宅建業法の手続き的な話が試験にバンバン出るもんだから、なんとかして、このあたりの内容と仲良しになっておきたいと。

 はぁーい。仲良しになりたぁーい。

 そこで考えたのが、じゃじゃーん、「なりきり仮面」ヘンシーン大作戦!!

 出たぁ〜、って、せんせー、こんどは、どんなんですかっ??

 変身しちゃおー!!!

 えぇーっ、コスプレ!!! じゃあー、ドロンジョ!!!

 いいねドロンジョ!!

 でしょ。でしょでしょでしょ。

 おぉぉーーーー!!! 深キョンのぉーーー!!!

 きゃー、着ちゃおうかなぁーー!!

 うぅー、せ、せ、せ、せ、セクシーす、す、す、スーッツぅーー（バタリ）

 キャーせんせー、しっかりしてー。

 着て。見せて。ぐひひ。

5
日目

宅建業法の全体像

注：ドロンジョ

＊フリー百科事典　ウィキペディアより抜粋して引用

ヤッターマンとドロンボー一味との戦いを描いた作品「タイムボカン」に登場するキャラクターで、悪役ドロンボー一味のリーダー兼お色気担当。身長173cm。24歳。金銀宝石を愛する。フライドポテトが好物で、ネズミとコンニャクが大嫌い。

 で、話を戻して。

 えーとですね、つまり、こんな届出をしなさい、こんな手続きをとりなさいみたいな規定が出てきたら。

 はい。

 その主人公になりきってみる。「宅建業者は営業保証金を供託しなさい」というような規定だったら「宅建業者になったアタシは」と読み替える。経営者になったアタシは、という感じで、ちょっと強引だけど、自分がやるんだというふうにイメージしてみる。

 だから意外と有効 「なりきり仮面」ヘンシーン大作戦

 じゃあ、ちょっとやってみよー。

 条文 営業保証金の供託 　第25条

宅地建物取引業者は、営業保証金を主たる事務所のもよりの供託所に供託しなければならない。

☆ダイナマイト超訳　宅地建物取引業者になったアタシは、営業保証金っていうの供託しないといけないらしい。どこに供託するのかというと、主たる事務所（本店）にいちばん近い供託所らしい。

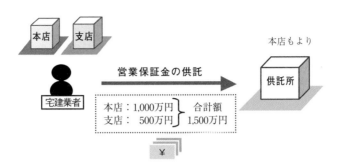

営業保証金の供託とは

宅建業者に、一定額のおカネや国債証券などの有価証券を国家機関である供託所に提出させておいて、いざ客と金銭的なトラブルが起きた場合に備えようという規定。営業保証金で客の損害を補填する。

5日目

宅建業法の全体像

条文 ◇ 変更の届出 ◇ **第9条**

宅地建物取引業者は、宅地建物取引業者名簿に登載されている事項について変更があった場合においては、30日以内に、その旨をその免許を受けた国土交通大臣または都道府県知事に届け出なければならない。

☆ダイナマイト超訳 宅地建物取引業者になったアタシは、ウチの会社の役員に変更があったとか、事務所の引越しをして所在地に変更があったときは、どうやらそのことを届け出ないといけないらしい。いつまでに届け出るかというと、30日以内らしい。

宅地建物取引業者名簿とは

免許を受けると「宅地建物取引業者名簿」という名簿に、役員の氏名とか事務所の所在地などが登載される。この名簿には宅建業者の最新情報が登載されていることが望ましいため、変更があったら届出をしなさいということになっている。

　宅地建物取引業者名簿の登載事項の例

①	免許証番号 免許の年月日	東京都知事免許 (1) 第××××××××号 平成●年●月●日
②	商号・名称	株式会社レオナちゃん不動産
③	法人の役員の氏名	代表取締役　吹雪玲於奈 取締役　山田真総竜
④	事務所の名称 所在地	事務所名　本店 東京都渋谷区南渋谷３丁目８番１号
⑤	事務所ごとに置かれる専任の宅地建物取引士の氏名	本店　山田真総竜
⑥	宅建業以外の業務	ファンシーグッズ制作・販売

②～⑤の事項に変更があったら「変更の届出」をすること‼

条文　専任の宅地建物取引士の設置　　第15条

宅地建物取引業者は、その事務所ごとに、業務に従事する者５人に１人以上となるように成年者である専任の宅地建物取引士を置かなければならない。

☆ダイナマイト超訳　宅地建物取引業者になったアタシは、事務所ごとに、５人に１人以上となるように、アタシの事務所に常勤してくれる宅地建物取引士を置いて置かなければならないらしい。置いておくとは、ちゃんと雇っておくというような意味らしい。

従業者の5人に1人以上となるように宅建士を雇っておく

📖 専任の宅地建物取引士の設置とは

宅地建物取引の専門的知識がある宅地建物取引士を事務所ごとに配備し、取引に関与させることにより業務の適正化と取引の公正を確保させようという趣旨。「専任」とするにはたとえば「パートで雇っている」という程度ではダメ。当たり前だけど、ほかの事務所との掛け持ちっていうのもダメ。

 **第50条**

> 宅地建物取引業者は、事務所ごとに、公衆の見やすい場所に標識を掲げなければならない。

☆ダイナマイト超訳　宅地建物取引業者になったアタシは、事務所ごとに、どうやら標識というのを掲げておかなければならないらしい。

事務所　⇒　本店（主たる事務所）、支店（従たる事務所）など

宅地建物取引業者票	
免許証番号	東京都知事（1）第××××号
免許有効期間	令和2年4月4日から 令和7年4月3日まで
商号又は名称	株式会社レオナちゃん不動産
代表者氏名	代表取締役　吹雪　玲於奈
この場所に置かれる 専任の宅地建物取引 士の氏名	宅地建物取引士　山田真総竜
主たる事務所の 所　在　地	東京都渋谷区南渋谷3丁目8番1号 電話番号○○○（×××）○○○○

30 cm以上

35 cm以上

 標識の掲示とは

法定された標識を掲示することによって、ちゃんと免許を受けた業者であることを消費者に明示しようという趣旨。「標識の掲示がなければ無免許業者だ」というふうにしたいらしいんだけど、そもそも「標識があればちゃんとした業者だ」という認識が、世間的にはないかも。

条文　従業者証明書の携帯　　**第48条**

宅地建物取引業者は、従業者に、その従業者であることを証する証明書を携帯させなければ、その者をその業務に従事させてはならない。

☆**ダイナマイト超訳**　宅地建物取引業者になったアタシは、ウチの従業員全員に、どうやら従業者証明書っていうカードみたいなのを携帯させなければならないらしい。

📖 従業者証明書の携帯とは

不動産取引にはさまざまな怪しい連中がからんでくることが背景にある。なので、コイツはいったいどこの業者の誰なのか。どんな立場でからんでいるのかを明確化させようという趣旨。取引の関係者から請求があったときは、従業者証明書を提示しなければならない。

 🔖 **帳簿の備付け** **第49条**

宅地建物取引業者は、その事務所ごとに、その業務に関する帳簿を備え、取引があったつど、その年月日、取引の相手方の氏名や住所などを記載しなければならない。

ダイナマイト超訳 宅地建物取引業者になったアタシは、ウチの事務所ごとに、どうやら帳簿っていうのを作っておかなければならないみたいで、取引のあったつど、どんな取引内容だったのかを記載しなければならないらしい。

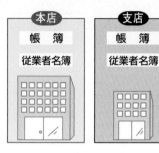

帳簿や従業者名簿は、事務所ごとに備えなければならない。

📖 帳簿の備付けとは

取引台帳（業務帳簿）を用意させ、取引業務を管理させようという趣旨。取引ごとに取引内容を記帳させることにより、業務の適正な運営を図らせようということ。

 ということで、「なりきり仮面」ヘンシーン大作戦 っていうノリでやってみました。

 いろいろあってたいへーん。でもちょっとずつ、テキストを読んだり問題集を解いているうちに……。

 だいじょうーぶ。最初はみんな、当たり前だけど「初心者」だもんね。

 できるよーになるはずーー!!

 そしてこの秋、でっかい成果をみんなで作ろうぜ。

 盛り上がっていきましょー。おぉ〜!!

4 宅建士の出番です。重要事項説明と契約書面

4-1 まずは重要事項説明から

 はい、それではみなさま、お待たせいたしましたぁ———。

 待ってましたぁ〜。

 この章のトリに登場するのが、我らの宅地建物取引士です。ここでは、宅建士しかできない仕事、重要事項説明書と契約書面についての話を取り上げてみたいと思いまーす。

 はぁーい。

 じゃあね、まずは重要事項説明書のほうから。そもそも重要事項説明書とはなにか。そのあたりをカンタンに触れておきましょう。えーとね、じゃあさ、不動産を買おうかという一般消費者目線で考えてみようか。

 一般消費者のほうですね。それじゃ「あのマンションを買おうかなぁ〜」って思っているとします。

 うん。ありがとう。まずだいじなのはさ、その買おうかなって思っている物件のこと、どれくらい把握しているかってことだよね。つまり物件の内容。あとは、取引条件はどんなふうになるのか、とか。

 広告とか見ただけじゃ、たしかにわかんないし。あと、実際に見に行ってみたところで、素人じゃね。

 中古だったら、たとえば耐震基準を満たしているかどうか、とかね。あとは、アスベストを使っているかとか。そもそもその物件が建っているところが「土砂災害警戒区域」だったとか。

 ううぅー。たしかに。よくわかんない。

5
日目

宅建業法の全体像

そもそも再建築不可っていう物件もあったりするしね。再築できるとしても、いまのサイズじゃ無理。もっと小さくしなきゃダメなんていうこともある。

 もうヤダー。わかんないことがいっぱぁーい。

 ということで、重要事項説明でございます（笑）。不動産の購入に際し、取引物件について知っておく必要のある事項は意外といっぱいあって、オマケにかなり高度な専門的知識が必要なものも多い。

 ですねー。

 なので、たとえば一般消費者である買主が自分でなんとか情報を集めようったって、そりゃやっぱりムリかも。あと、どんな取引条件になるのか、そのへんにも注意を払っておかなきゃなんない。

 ……やっぱり、プロに助けてもらわないと。

 そこで、宅建業法では、その取引に関与している宅建業者（不動産業者）に、その物件の買主や借主になろうとしている者に対し、契約が成立するまでの間に、取引物件の内容や取引条件に関する重要な事項を記載した「重要事項説明書」を交付して、宅地建物取引士に説明させることを義務付けているのです。

 買主や借主になろうとしている人に？

 そうそう。重要事項説明の相手方、つまり重要事項説明書の交付先は、その物件の買主や借主になろうとしている者に対して行えばオッケー。

 ですよね。売主や貸主になろうとする所有者側には説明は要りませんよね。そりゃそうですよね。

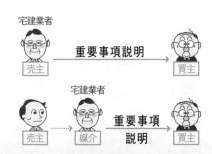

となるとせんせー、重要事項の説明って、すっごくだいじじゃないですかっ‼

そうなんだよね。つまり、宅建業者は、買主や借主になろうとしている人に代わって、物件の調査とある程度の契約条件の交渉や調整をして「重要事項説明書」を作成すると。

そしてその重要事項説明書をもらって、そして説明を聞いて、契約するかどうかを判断する。そんな感じなんですね。よく聞いて、ナットクした上で契約すると。

まぁそうだね。この「重要事項説明書」には、契約するかどうかを決めるために必要な情報が記載されているわけなんだよね。あ、略して「重説」って呼ぶときもあるよ。

この重要事項説明書に関する仕事は、宅地建物取引士じゃなきゃできないってことでしょ。

そうそう。まず重要事項説明書に記名・押印しておく。そして説明書を相手方に渡して、実際に説明する。説明をするときは宅地建物取引士証を提示しなければならないんだ。当たり前だけど契約締結するまでの間に重要事項説明をしなきゃいけない。

ですよね。契約締結しちゃってから、そんな情報をもらっても意味がないし。

ということで、不動産取引についての一般的な流れはこんな感じだよ。契約書面については、この重要事項説明の話が終わったらやってみるね。

5日目

宅建業法の全体像

▶ **物件の情報収集**

◆ **広告を見る・物件を見学**

▶ **契約締結前**

◆ **重要事項説明を受ける**

宅建業者は、宅建士をして、重要事項説明をさせなければならない。

・宅地建物取引士の記名押印
・宅地建物取引士が説明書を交付
・宅地建物取引士証の提示

▶ **契約締結後**

◆ **宅建業者は、契約書面を交付しなければならない**

・宅地建物取引士の記名押印

4-2　重要事項って、どんなことを説明するの？

 ねぇーせんせー、重要事項説明ってさ、いったいどんなことが説明されてるの？

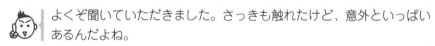 よくぞ聞いていただきました。さっきも触れたけど、意外といっぱいあるんだよね。

重要事項説明書への記載事項の例（抜粋）

● **対象となる宅地建物に直接関係する事項**
　1　登記された権利の種類、内容、登記名義人
　2　都市計画法・建築基準法などの法令に基づく制限の概要
　3　飲用水・電気・ガスの供給施設及び排水施設の整備状況
　4　造成宅地防災区域内の物件か否か
　5　土砂災害警戒区域内の物件か否か
　6　津波災害警戒区域内の物件か否か
　など

● **取引条件に関する事項**
　1　代金や借賃以外に授受される金額
　2　契約の解除に関する事項
　3　損害賠償額の予定又は違約金に関する事項
　など

5日目

宅建業法の全体像

このほかにも多々ありまして、ここでぜんぶを紹介しようってことに
なると、もうこれはバリバリの受験講座になっちゃうから、詳細はま
たのちほど。

はぁーい。その際はよろしくお願いしまぁーす。

いまあげた例で、登記の名義人ってあるでしょ。そもそも誰が所有
者なのか、とかね。

えーと、所有権の登記っていうやつですね。登記簿に実際に書いてあ
る名義。

あとは抵当権が設定されているとかいないとか。まぁこのあたりは
「不動産登記法」でやるよー。でさ、この「重要事項説明書への記載
事項の例」のなかに

2　都市計画法・建築基準法などの法令に基づく制限の概要

ってあるでしょ。

 はいはい、あるある‼

 これが宅建試験で出題される「法令上の制限編」っていう分野の話になるんだけどね。具体的な法律は、ここにも書いてあるとおり、都市計画法とか建築基準法とかなんだけど。

 ざっとでいいんですけど、どんな内容なんですか?

 とってもかんたんにいっちゃうと「土地があっても、自由に建築はできませんよ」ということなんだよね。建物を建築する場合には、建物の種類や大きさなどを制限する都市計画法・建築基準法をはじめ、たくさんの法令があるんだよね。

 あ、聞いたことあります。

 でしょ。じゃあさ、「法令に基づく制限の概要」として説明しなきゃいけないこと、もちろん宅建試験の受験勉強でもよぉーく理解しとかなきゃいけないことを、いくつかピックアップしてみるね。

 《1》市街化調整区域かどうか

> 市街化調整区域は、市街化を抑制するための区域とされている。なので、原則として、一般の住宅を建てることができない。メチャクチャ価格が安いけど、市街化調整区域には手を出さないよーに。

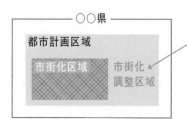

宅地の造成、建物の建築は原則としてできない。

《2》 どの用途地域か

第一種低層住居専用地域や商業地域、工業地域など用途地域は全部で13種類。用途地域により建築できる建物の種類や大きさなどに制限が加えられている。たとえば第一種低層住居専用地域には店舗や病院などは建築できない。

原則として戸建て住宅のみ。

道路　第一種低層住居専用地域

5 日目

宅建業法の全体像

 《3》 農地かどうか

農地法上の農地になっていると、売買などの取引にあたり農地法上の許可（又は届出）が必要となる。場合によっては許可がおりないということもある。注意が必要。

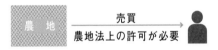

農　地　── 売買 ──▶
農地法上の許可が必要

 《4》 都市計画道路内にあるかどうか

敷地が都市計画道路内にあると、建築に制限が加えられたり、将来、建物を撤去しなければ ならなくなる。ちょっとやっかい。

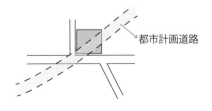

都市計画道路

199

《5》敷地は建築基準法に規定する道路に適法に接しているか

建築するには、敷地が建築基準法上の道路に 2 m 以上接していなければならない。ちなみに、単に「道路」ということじゃなくて、建築基準法上の「道路」かどうか。調査が必要。

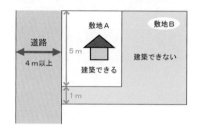

 《6》セットバックがあるかどうか

敷地が接する道路の幅員が 4m 未満のとき、建物を建てるとき (新築・建替え) には、道路の中心線から 2m のところまで後退して、建物や門などを建てなければならない。このことを「セットバック」という。

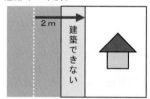

 いろいろあるんですねー。

 そうそう、まぁこんな内容をね、法令上の制限編で勉強していきます。っていうかさ、こういうことって、普通の人だと、なかなか知らないよね。

 知らなぁーい。たぶん、ぜんぜん知らないと思います。

だからさ、宅建士がね、じつはこの物件、メチャクチャ安いんですけど、こんなウラがあるんですっていう感じでさ、説明しなければならない。

 こんなはずじゃなかったーっていうのを防ぐためですね。

 そうそう。さっきミサキちゃんもいってたけど、ナットクして契約する。そうすればトラブルも防げると。

 ですよねー。

 あとほかにも、こんなのがあるでしょ。

> 4　造成宅地防災区域内の物件か否か
> 5　土砂災害警戒区域内の物件か否か
> 6　津波災害警戒区域内の物件か否か

 これ、どんなところか、想像ついたりする？

 んーと、危険なところってことですか？

 そうそう。いずれも災害が発生しそうなところ。「造成宅地防災区域」っていうのは、昔に造成された宅地で、地震とかがあったら造成地自体が土砂崩れしちゃいそうなところ。「土砂災害警戒区域」っていうのもそうだよね。こっちは山沿いなどで発生する土砂崩れに巻き込まれる可能性が大。「津波災害警戒区域」は、読んでのとおり。

 「買った不動産が、そんなところにあった」なんてことになったら目も当てられないと。

 どおりで激安なわけだ（笑）。と、まぁそんな感じで、重要事項説明。その他もろもろ、いろいろな事項があってうわーって思うかもしれないけど、どれも必要があってのものだからね。

 本編に入ったら、味わいつつ、ベンキョーしてみますね。

5
日目

宅建業法の全体像

うん、ヨロシク‼

4-3 契約書面のお話

 重要事項説明の次は、契約書面。さっきの

▶ **契約締結後**

◆ **宅建業者は、契約書面を交付しなければならない。**
・宅地建物取引士の記名押印

ってあったでしょ。このあたりのことを、かるくやっておこうかと。

 重要事項説明書とは、またちがう書面なんですよね。

 そうそう。重要事項説明書は「そもそもどんな物件なのか・いまのところの取引条件はどんな感じか」というニュアンスのものなんだけど、こっちの「契約書面」のほうは、読んで字のとおり、まさに契約内容の話。

 そうですよね。契約締結したあとに交付する書面ですもんね。

 そうそう。あとさ、契約書面の交付先なんだけど、これも重要事項説明書とは異なり、契約の両当事者。売主や貸主側にも渡す。

 契約内容ですもんね。買主や借主側だけに交付するだけだと、そりゃちょっと困りますもんね。

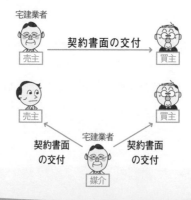

あとね、宅地建物取引士の仕事なんだけどね。

 あ、はいはい。

 重要事項説明書の場合と異なり、宅地建物取引士としての仕事は契約書面への記名押印だけ。契約書面を交付したり、内容を説明しなくてもいいんだ。

 えぇー、そうなんですか、なんか、さびしいような。

 まぁな（笑）。よくこのあたりのことが出題されてるから、そのうち過去試験問題集とかで確認してみてね。

 はぁーい。

 あとそれから、契約書面に記載するのは、こんな事項だよ。詳細はまた後日。とりあえず、ざっと眺めておいてね。

 契約書面への記載事項の例（抜粋）

> 1　当事者の氏名及び住所
> 2　宅地建物を特定するための事項
> 3　代金や借賃の額、その支払の時期、方法
> 4　宅地建物の引渡しの時期
> 5　移転登記の申請の時期
> 6　契約の解除に関する定めがあるときは、その内容
> 7　損害賠償額の予定、違約金に関する定めがあるときは、その内容
> 8　住宅ローンに関する定めがある場合においては、住宅ローンが不成立になったときの措置
> など

 いつおカネを支払うか、いつ物件を引き渡すか、契約を解除できるかどうか。んー、たしかに契約っぽい内容ですねー。

5
日目

宅建業法の全体像

そうそう。民法で勉強する内容とかかな。まぁそんな感じで契約書面。宅建業法を勉強しているときに登場してきたら、どうぞかわいがってあげてくださいね。

 重要事項説明とか契約書面の話って、試験にもちゃんと出るんですよね。

 出るなんてもんじゃなくて、バカスカ出るよ(笑)。まぁこのあたりも、いつもいっているとおり、過去問とかを解いているうちにだんだん慣れてくるから、そんなに心配しないようにね。

 宅建業法編を制するものが宅建試験を制す、ですもんね、せんせー!!

 盛り上がっていこー。おー(笑)

◆ 宅建業法の目的

- 購入者等の利益の保護
- 宅地及び建物の流通の円滑化

↓

> 目的を達成するための手段として
> ・免許制度を実施する
> ・事業に対し必要な規制をする

◆ 各種の業務規制

免許の基準（欠格事由）
信義誠実の原則
秘密を守る義務
誇大広告の禁止
重要な事実の不告知や不実を告げる行為の禁止
不当に高額の報酬を要求する行為の禁止
手付を貸しつけての契約締結誘引の禁止
利益が生じるとの断定的判断の提供禁止
威迫行為の禁止
など

◆ 宅建業法編を学習するときの心構え

- キーワードは『全員悪人』
- 手続き的な規定も多く、宅建業者になったつもりで考えてみる

記名と署名はちがうの？

いまみてきたとおり、重要事項説明書にも契約書面にも宅地建物取引士の「記名押印」が必要ということなんだけど、この「記名押印」というのをちょっと考えてみたい。

「記名」と似ているものとして「署名」というのもあるけど、果たして記名と署名はおんなじか？　なにかを訴える「署名活動（運動）」っていうのはあるけど、「記名活動」っていうのはないもんね。

まぁどっちも自分の名前を記すという点はおなじなんだけど、「署名」のほうは自署。つまり本人が自筆で氏名を手書きすること。生命保険の加入申込書なんかだと「署名」が要求されてます。

一方「記名」のほうはどんな感じかというと、その書類に名前が記されていればよく、自署以外の方法でもオッケー。たとえば他人による代筆であっても、ゴム印を押したものであっても、パソコン（ワープロ）で印字されているものであってもなんでもよい。

そんな「署名」と「記名」なんだけど、もちろん証拠能力が高いのは署名のほう。

ちなみに、宅建試験では関係ないけど「商法」の第32条に「この法律の規定により署名すべき場合には、記名押印をもって、署名に代えることができる」というのがあります。

なので考え方として、署名だったら押印不要。記名でも押印があれば署名とおなじように扱うということかな。とはいえ、ニッポン社会はどうしてもハンコが好きなので、署名しても押印したりしてます。

で、話を戻すと、宅建業法では宅地建物取引士の記名押印を求めている。ということで、宅地建物取引士は重要事項説明書や契約書面をパソコンで作ることができ、プリントアウト（記名）した後に押印すればよいということでございます。

6日目

6 日目 広告関連の基礎知識

インチキ不動産広告にだまされるな。いまはそんなに誇大広告はない（はずだ）けど、それは「不動産の広告」についてはさまざまな規制が加えられているためだ。野放しだとやりたい放題となるから、消費者を保護するためは、まず不動産の広告規制が重要なのだ。

☆ POINT！

- ■ 建物を建てられない土地がある。市街化調整区域だ。
- ■ 建物を建てられるとしても建蔽率や容積率の制限がある。
- ■ 徒歩1分は道路距離80ｍ。いろいろな規制があることを理解。

1 景品表示法（不動産の表示に関する公正競争規約）

1-1 「最寄駅から徒歩10分」ってほんと？

はい、それではですね、ここからは、もっともっと「世の中」が楽しくなるようなですね、お話をしてみたいなと。

たのしみでーす。

そうそう。「新聞記事に限らず世の中の出来事が身近に感じられるようになる」ってね。

この宅建試験の受験勉強を通していろんな知識が身に付くから、いままで見過ごしていたようなこと、よくわかんないからスルーしていたことが、じつはおもしろネタ満載だったり。

そうだね。そんなふうに日常生活で見聞きする"事件"を楽しんでもらえればと。ちょっとトクした気分にもなるしね。

 ですよねー。ということでせんせー、6回目の第1弾として『インチキ広告にだまされるな』編ってことなんですけど。

 うんそう。あのさミサキちゃんさー、不動産の広告を見たりするの好き?

 はい、間取りを見たりするの、好きですよー。そのうちわたし、インテリアコーディネーターの勉強もしてみたいなぁーって思ってたりするので。

 おぉー、いーねいーね。じゃあさ、たとえば広告に「最寄駅から徒歩10分」て書いてあったとするじゃん。これって、どれくらいの距離だと思う?

 えぇー、徒歩10分っていっても、どんな人が歩いて10分なのかでちがってくるし。んー、どうなんでしょ?

 だよね。バリバリでマッチョな男子がせっせと歩いた場合と、高いヒールの女子が「いやぁ〜ん」っていいながら歩いた場合とでね、そりゃちがうし。

 ……そんなふうには、歩かないと思いますけど。

 まぁそんでだな、こういった不動産の広告についてだね、じつは一定の規制があって、それにしたがった書き方じゃないとダメなんだよね。

 じゃあ、この「徒歩○分」なんて書くとき、1分につき何mというふうなルールがあるんですか?

 あるよ。ちなみにね「徒歩1分につき80m」なんだよ。だから徒歩10分って書いてあったら800mっていうことだね。

あーなるほどね。そういった基準みたいなのがあるんですね。でも、せんせー、800mを10分で歩けるのかしら。もっと時間がかかったりしない？

 するんじゃない？ じつはさ、信号の待ち時間とか坂道とかは考慮されていないんだよね。あくまでも道路距離80mで1分。だからまぁー、そうだな、実際に歩いてみないとなんともいえないと。

 ……んー、そうなんですか。

 でもさ、こういう感じで目安みたいなのを作っておかないとね。それぞれの広告で基準がまちまちってことになるほうが混乱するもんな。

 たしかに、そうですよね。

 そうそう。まぁそういったことで、消費者保護という観点から「不動産の表示に関する公正競争規約」っていうのがあってね。これが景品表示法として宅建試験でも1問出題されたりするんで、とりあえず、今日は「こんなのがあるんだよ」っていうふうに紹介しておこうと思います。

不動産の表示に関する公正競争規約

　不動産業界における広告類に記載すべき情報、具体的な記載方法を定めた業界の自主的なルール。このルールに違反すると「不当表示」となって、公正取引委員会から措置命令を受けたりする。

　この不動産の表示に関する公正競争規約には、「おとり広告の禁止」からはじまり、交通の利便性、生活関連施設、外観写真の取り扱い、価格の表示など75もの項目が掲げられている。

 なんか、広告を見るのが楽しくなったりして♡

 そうだねー。どうせなら楽しく受験勉強しなくちゃね。

1-2 こんな物件だったらイヤ〜。デメリット表示の義務

 まずはね、購入者にとっての「不利益な事実」から。デメリットとでもいいましょうか。かんたんにいうと欠陥がある物件の広告からいってみよう。

 デメリット？　欠陥？

 そうそう。欠陥がある不動産を広告するときは、その欠陥をちゃんと表示しておかなければならない。デメリット表示ともいうんだけどね。ほら、タバコでもさ「喫煙は、あなたにとって肺がんの原因の一つになります」とか書いてあるでしょ。

 はいはい、書いてあります。

 不動産広告でもね、その不動産の欠陥、つまりデメリットを記載しなければならない。これを**「特定事項の明示義務」**という。うっかりすると、安さにつられて買っちゃう人がいるかもしれないからねー。

 やっぱり、デメリットのある不動産は安いですか。

 そりゃそうだろ。「そんな不動産だったら買わないかも」っていうデメリットだぜ。コムズカシクいうとだな「一般消費者が通常予期することができない物件の地勢、形質、立地、環境等に関する事項または取引の相手方に著しく不利な取引条件」という。

 でも、できたらそんなことを隠して売り逃げしたいと。

 出たぁ〜悪質業者（笑）。だからそんなデメリットをちゃんと表示する。それも「見やすい場所に、見やすい大きさ、見やすい色彩の文字」により「分かりやすい表現で明りょう」に表示しなければならないとされてるよ。

 せんせー、いったいどんなのがあるんですかぁ〜!!

 たとえばね。

6
日目

広告関連の基礎知識

《市街化調整区域》

市街化調整区域に所在する土地については、「市街化調整区域。宅地の造成及び建物の建築はできません。」と16ポイント以上の文字で表示しなければならない。

まいどおなじみの「市街化調整区域」でございます。

「市街化調整区域」と書くだけじゃダメ。「市街化調整区域。宅地の造成及び建物の建築はできません。」と、ここまではっきり書かないといけませーん!!

メッチャ安いけど。

～実際の販売広告～

～実際の販売広告～

《道路に接していない土地》

建築基準法第42条に規定する道路に2メートル以上接していない土地については、「再建築不可」又は「建築不可」と表示すること。

出ましたぁー、再建築不可物件。更地（建物が建っていない土地）の広告だったら「建築不可」と書かなきゃいけませぇーん。

そもそも建築物の敷地は、道路に2メートル以上接していないといけませぇーん。

そんな再建築不可物件、メッチャ安いけど。

6
日目

広告関連の基礎知識

～実際の販売広告～

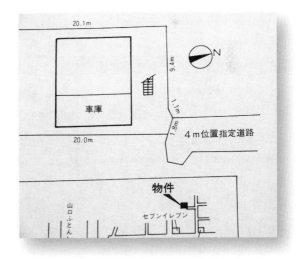

《セットバック物件》

建築基準法第42条第2項の規定により道路とみなされる部分（セットバックを要する部分）を含む土地については、その旨を表示し、セットバックを要する部分の面積がおおむね10パーセント以上である場合は、その面積も表示すること。

出たぁ〜セットバック。「42条2項の規定による道路」とは、幅員4m未満の道のことで、別名「みなし道路」ともいう。「みなし道路」に接する土地を買っちゃうとたいへーん。

その土地に建物を再築する場合「道路の中心線から2m」まで敷地を後退させなきゃいけませぇーん。

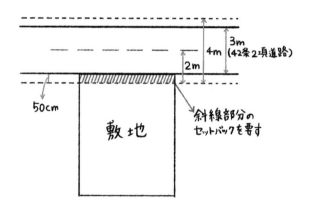

セットバックあり。なんて書いてあると、「どんなバック？」みたいに楽しみにしちゃう人がいるかも。

……たぶんいないと思います。

～実際の販売広告～

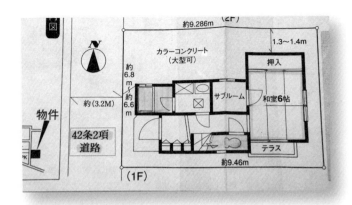

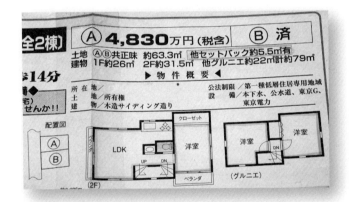

《古家あり》

土地取引において、当該土地上に古家、廃屋等が存在する
ときは、その旨を表示すること。

撤去費用がかかりまぁーす。

負担したくありませぇーん‼

《沼沢地》

 沼沢地、湿原又は泥炭地等については、その旨を表示すること。

 ズブズブ沈みまぁーす。

 イヤでぇーす。

《高圧電線路下》

 土地の全部又は一部が高圧電線路下にあるときは、その旨及びそのおおむねの面積を表示すること。この場合において、建物その他の工作物の建築が禁止されているときは、その旨も併せて表示すること。

 意外と多い送電線。送電線のボルト数により建築が制限されたりしまぁーす。

 圧迫感もありまぁーす。

 電磁波で感じちゃうかも。

《傾斜地》

 傾斜地を含む土地で、次のいずれかに該当するものについては、傾斜地を含む旨及びその面積を表示すること。
①　傾斜地の割合がおおむね 30 パーセント以上の場合
②　傾斜地を含むことにより、土地の有効な利用が著しく阻害される場合

 「激安。面積 500㎡。買ったらガケ地でしたー」みたいな。

 つんのめりまぁーす。

利用価値ゼロでーす。

《不整形な土地》

 土地の有効な利用が阻害される著しい不整形画地、区画の
地盤面が2段以上に分かれている等の著しく特異な地勢の
土地については、その旨を表示すること。

 「激安・面積165㎡。買ったら三角形の土地でしたー」みたいな。

 使い勝手がサイアクでーす。

 都会でありがちな無理な敷地分割で、こんな土地が生まれちゃい
まぁーす。

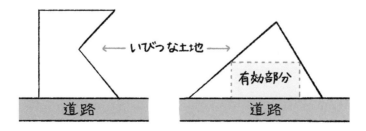

1-3 表示基準。これに違反すると不当表示!!

次にね「表示基準」っていうのを見てみよう。さっきの「徒歩所要時間」とか、けっこう多くの具体的基準があるんだよね。そのうちいくつかをピックアップしてみよう。まず写真。広告といえば写真だよね。

《写真・絵図》

> 宅地又は建物の写真は、取引するものの写真を用いること。

せんせー、これって当たり前じゃないですか。

そうだよね。たとえばさお見合い写真とかもそうかな。あれってやっぱり本人じゃないとまずいよね。妹のほうがかわいいから、妹の写真にすっか、とか（笑）

やだー、もう（笑）

でもね、この規定には「ただし」書きがあってだね、これがクセもの。こんなふうになってます。

> ただし、取引しようとする建物が建築工事の完了前である等その建物の写真を用いることができない場合においては、次に掲げるものに限り、他の建物の写真を用いることができる。この場合においては、当該写真が他の建物のものである旨を写真に接する位置に明示すること。
>
> (1) 取引しようとする建物と規模、形質及び外観が同一の他の建物の外観写真。この場合において、門塀、植栽、庭等が異なる場合にはその旨を明らかにすること。
> (2) 建物の内部写真であって、写真に写される部分の規模、形質等が同一のもの

つまり、新築分譲マンションなんかだと「建築工事の完了前」で広告するのがほとんどでしょ。だからそのマンションの販売広告の外観写真、ホンモノじゃないんだよね。または CG だったりね。

 えぇー、んー、でもそっか。できあがってないんですもんね。

 そうそう。あくまでもイメージ。あと「建物の内部写真」。ほら、たとえばリビングの写真とかで、コジャレたテーブルにコジャレたワイングラス。生活感ゼロの、とってもステキなショットとか載ってるでしょ。

 うん、あるある。

 あれもさ、他の物件の写真だよ。だってできあがってないんだもんなー。

 というとせんせー、マンションからの眺望写真とかは……。

 そういうふうに見えるんじゃないかなーってことかな。だってまだ誰も見たことないしね。「宅地又は建物の見取図、完成図又は完成予想図は、その旨を明示して用い、当該物件の周囲の状況について表示するときは、現況に反する表示をしないこと」っていうルールもあるよ。

 《表示例》

> ◆　現地より約 60 m の建物（高さ約 120 m）より撮影（令和 1 年 11 月撮影）した眺望写真に建物完成予想ＣＧを合成したもので実際とは多少異なります。※完成予想ＣＧは図面をもとに描き起こしたもので実際とは多少異なります。雨樋、エアコン室外機、給湯器、避難ハッチ、ＴＶアンテナ等一部再現されていない設備機器等がございます。
> ◆　南西面外観完成予想ＣＧ　※図面を基に描き起こしたもので、実際とは異なります。

6日目

広告関連の基礎知識

《居室としての表示》

 採光及び換気のための窓その他の開口部の面積の当該室の床面積に対する割合が建築基準法の規定に適合していないため、建築基準法において居室とは認められない納戸その他の部分については、その旨を納戸等と表示すること。

 つぎはね、居室。居室っていうとコムズカシク感じるけど、部屋のことだと思ってくれればいいよ。で、広告に2LDKとか3LDKって書いてあるでしょ。あれってどういう意味かというと、たとえば2LDKだったら「2つの居室」と「LDK（リビングダイニングキッチン）」だよね。

 ですよね。

 じゃさ、こんなふうに書いてあるの、見たことある？

「2 L D K ＋ S」

「S」ってなんでしょう？　「サービスルーム」っていったりするけど。

 サービスルーム？

 たまにホテルのルームサービスとまちがえる人がいたりして。あっはっは。ちがうからね、それとはね。

 じゃあ、お得な部屋のこと？　んー、お得な部屋って、いったいなんだ（笑）

 かんたんにいうとね、採光や換気のための窓がなくて「居室」として扱えない部屋のこと。「居室」にするためには、ちゃんと一定割合以上で窓がないといけないんだよ。居室と表示できないから、Sと表示しておく。

 そんなの知らなぁーい。

 こんなルールがあります。

居室について

建築基準法では、居室・キッチン・寝室・子供部屋など、継続して使用する「居室」には窓などの開口部が一定面積以上なければならないとしている。したがって、その基準を満たせない部屋は「居室」とは表記できないため、トイレや浴室と同様、非居室扱いとして「納戸」というような表記になる。

ただし「納戸」ではイメージがよくないため、「N」（納戸等）や「S」（サービスルーム）、「DEN」（仕事部屋というような意味合い）と表示している。

（表示例） ３ＬＤＫ＋Ｎ、２ＬＤＫ＋Ｓ、２ＬＤＫ＋ＤＥＮ

 せんせー、あとですね、こんな表示があるんですけど、これってなんですか？

３ＬＤＫ＋ＷＴＣ＋ＳＩＣ＋ＷＩＣ

 おぉー、あやしいアルファベットがいっぱいだぁー（笑）。ウォークスルークローゼットとか、ピンとこない人はネットで画像検索してみてね。

ＷＴＣとは ➡ ウォークスルークローゼット

ＳＩＣとは ➡ シューズインクローク

ＷＩＣとは ➡ ウォークインクローゼット

 そうだ、ミサキちゃん、間取り図を見るの好きっていってたよね。

 はい、好きです♡

 じゃあ次は「間取り」にふれておこう。

《建物の間取り》

 建物の間取りについて、実際のものよりも優良であると誤認されるおそれのある表示をしてはならない。

 せんせー、これって、なにか？　とってもふつうなんですけど。

 そうそう。これはふつうなんだけど、広告の間取り図ってさ、バルコニーやリビングは必ず下に書いてあるでしょ。

 あ、そうですね。下側に書いてあります。

 バルコニーやリビング、ほんとに南向きなのかな？

 えぇー、どういうことですか？

 よく見ると方位が書いてあるでしょ。極端にいうと、バルコニーやリビングが北側でも、広告にはバルコニーやリビングを下に書いて、その横に方位を載せておけばオッケー。

 そんなの、誤解しちゃいそう。

 続きまして「新築」を取り上げてみましょう。さて問題です。「新築」とはどんな物件？

 新築だから、えーと、新築の物件。いやぁ～ん、わたし意味不明（笑）

《新築》

 建築後1年未満であって、居住の用に供されたことがないものをいう。

ということで、竣工してから1年未満で、かつ、未入居物件じゃないと「新築」と表示してはならないと。

 未入居なんだけど、1年半たっちゃった物件とかは「新築」と表示してはいけないということですね。

 そうそう。1年未満なんだけど、一度でも入居しちゃってる物件も「新築」じゃないんだよね。

 せんせー、たまにさ、「クリアランス物件」って書いてあったりするのを見たりするんですけど、あれってなあに？

 あぁ、クリアランス物件ね。えーとね、そもそも「クリアランス物件」という表示自体の定義はないんだよね。

 といいますと？

 業界で工夫している呼び方とでもいったらいいかな。たとえばさ、当初のマンション分譲業者から別の不動産会社が買い取って、再販するマンション。これってさ、新築って表現できないんだよね。

 ふむふむ。

 だからね、そういう物件のことを「クリアランス物件」と呼んで、まぁそういうふうに広告に書いてあると。

 なるほどそうですか。いろんな工夫があるんですねー。

2 都市計画法・建築基準法

2-1 既存不適格建築物って知ってる？

 ここ最近、中古マンションとかも人気が出てきたりしてます。

 新築と比べると、少し安く買えるからかしら‼

 もちろんそんなこともあるだろうね。ただまぁちょっと、すこし古めの物件だと、別途注意しておいたほうがいいこともありまして。

 どんなことでしょ？

 既存不適格物件っていう言葉、知ってる？

 ……せんせー。

 はい。

 ……知ってるワケ、ないでしょっ‼

 あっはっはぁー、だよね。失礼しました。あのね、既存不適格物件ってなにかというと、現在すでに建っている建築物で、建てた当時は適法だったんだけど、その後の法規改正などで、現時点での法規には適合していない物件なんだよね。

 ……んー、というと？

 つまりだな、いま現在は法的には違反状態なんだけど、そのまま住んでいるんだったらそれはそれでよし。でもね、建て直しや増改築の際には、現行の法規が適用される。

 ……となると？

 たいていの場合、従来のサイズでは建てられなくなったりするよ。

 えぇー、じゃ、マンションなんかだと、ちょっとたいへんなことに？

とくに古いマンションだとね。ちょっと調べたんだけど、昭和40年〜50年代のころ、各地で容積率の引き下げがあったみたいなんだよね。それ以前に容積率をめいっぱい使って建てたマンションだと、現行法規では容積率オーバーとなっちゃう。となると、建て替え決議があったとしても、いま建っている規模とおなじマンションを建築することができない。

 容積率って、建物の大きさを決めている数値でしたっけ？

 そうそう。次のコーナーで容積率を取り上げるから、ちょっと待っててね。

 安いからといって、そんな物件を買っちゃうとどうなっちゃうんでしょうか？

 んー、たいへんだろうね（笑）。戸建て住宅だったらまだしも、これがマンションなんかだとね。知り合いの建築士から聞いた話なんだけど、建築当初の容積率は700%だったんだけど、それがいまじゃ400%になっちゃっている物件もあるみたいだよ。

 建て替えられるんですかねー。

 どうだろうねぇ……。建て替えるとしても、かなり小さくなるかもなー。なので建て替えることができたとしても、だれか出て行かざるを得ない。

 ……うまく調整がつけばいいですけどね。

 昔からずーっと住んでいる方々もさ、マンションといっしょにそのまま年を取るからね。住民みなさん高齢者って感じかなー。だから、そのままにしておくのかも。

 もしも、わたしたちみたいな年齢層の人が、そういう物件を買っちゃうとどうなっちゃいます？

 んー、たぶん、そのまま運命をともにするっていうことになっちゃうのかなぁ〜。いずれにしても、玄人ならともかく、素人は手を出

さないほうが賢明かもね。よく調べてから購入を検討しましょーね。

2-2 「建蔽率」「容積率」「道路（接道義務）」は知っておこう

[1]「建蔽率」の基礎知識

 まぁそんなわけでね、建築基準法で登場する、知っておきたい基礎用語を3つピックアップしておこうかと。

 どんなのを取り上げます？

 とりあえず「建蔽率」と「容積率」。あとはこれもたびたび登場している「道路」。接道義務っていうのをね、ここであらためてやってみようじゃないかと。じゃあね、まずは「建蔽率」からやってみよう。

 むずかしくないですか……。

 うん、だいじょうぶ。
都市計画でその敷地の建蔽率っていうのが指定されてるんだけどさ。あ、そうだ、ミサキちゃん、そもそも建蔽率って、聞いたことある？

 んー、なんとなく。

《建蔽率》

 建蔽率とは、建築物の建築面積の敷地面積に対する割合をいう。

 敷地面積に対する建築面積の割合ということです。建築面積っていうと、通常は建物の1階部分の面積。つまり、敷地をどれくらい建築物で覆っちゃっていいかという数値。

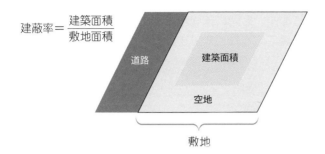

$$建蔽率 = \frac{建築面積}{敷地面積}$$

 じゃあせんせー、建蔽率50%ってなってたら？

 建蔽率が50%ということだったら、敷地の半分は空地にしておかなければならないってことだよね。なので、建蔽率100%ということになると、敷地めいっぱいに建てられるということになる。

《用途地域に応じた建蔽率指定の例》

- **第一種低層住居専用地域**：30%・40%・50%・60%のなかで指定
- **第一種住居専用地域**：50%・60%・80%のなかで指定
- **近隣商業地域**：60%・80%のいずれかで指定
- **商業地域**：80%（単一の数値）
- **工業地域**：50%・60%のいずれかで指定

［2］「容積率」の基礎知識

 あとね「容積率」。「建蔽率」と似てるけど「容積率」っていうのもあるよ。

 容積率も、んー、聞いたことはありますけど……。

 容積率とは「建築物の延べ面積の敷地面積に対する割合」のこと。つまり土地に対してどのくらいの大きさの建物を建てられるかを示しているんだ。敷地面積に容積率をかけると、建築物の延べ面積が出る。

 せんせー、延べ面積ってなに？

6
日目

広告関連の基礎知識

あ、ごめんごめん。各階の床面積の合計のことだよ。たとえば各階100㎡で3階建ての建物がありました。この建物の延べ面積は何㎡でしょーか？

 300㎡でーす。

 そうそう。じゃあさ、敷地面積100㎡として、容積率が400％と指定されていたとしましょう。さて問題です。この敷地にはどれくらいの延べ面積の建物を建てることができるでしょーか。

 えーと、敷地面積に容積率をかけるから、はぁーい、400㎡でーす。

敷地面積100㎡×容積率400％＝延べ面積400㎡
- ・各階100㎡とすると4階建てまで
- ・各階80㎡とすると、5階建てまで
- ・各階40㎡とすると、10階建てまで

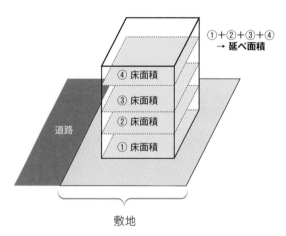

容積率＝ $\dfrac{延べ面積}{敷地面積}$ （各階の床面積の合計）

《用途地域に応じた容積率指定の例》

● **第一種低層住居専用地域**
　50％・60％・80％・100％・150％・200％のなかで指定
● **第一種住居専用地域**
　100％・150％・200％・300％・400％・500％のなかで指定
● **近隣商業地域**
　100％・150％・200％・300％・400％・500％のなかで指定
● **商業地域**
　200％・300％・400％・500％・600％・700％・800％・900％・1000％・1100％・1200％・1300％のなかで指定
● **工業地域**
　100％・150％・200％・300％・400％・500％のなかで指定

それでね、この建蔽率と容積率なんだけど、ふつうは組み合わせて考えます。

敷地について、建蔽率と容積率がそれぞれ定められているということですよね？

そのとおり。用途地域に応じて定められています。じゃあさ、よくあるパターンを例にとってみよう。第一種低層住居専用地域で、建蔽率50％・容積率100％だったとすると、どんなふうになるかな？　敷地面積は100㎡としておこう。

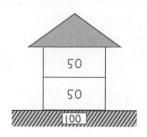

敷地面積 100㎡×建蔽率 50%＝建築面積 50㎡
敷地面積 100㎡×容積率 100%＝延べ面積 100㎡

 ２階建ての住宅って感じですねー。

 そうだね。第一種低層住居専用地域だと、建蔽率40％・容積率80％っていう組み合わせもよくあるね。都心だと、建蔽率60％・容積率150％もあるね。

 ひとくちに第一種低層住居専用地域だっていっても、指定されている建蔽率や容積率はいろいろあるっていうことですね。

 そうなんだよね。じゃあさ、こんどは商業地域を例にとってだね、建蔽率80％・容積率800％としてみよう。敷地面積は100㎡でいいかな。

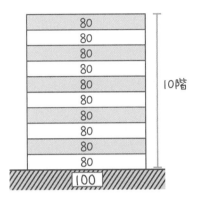

敷地面積 100㎡×建蔽率 80%＝建築面積 80㎡
敷地面積 100㎡×容積率 800%＝延べ面積 800㎡

10階

 さっきの第一種低層住居専用地域の例とは、ずいぶんちがいますねー。

 でしょ。建蔽率と容積率を組み合わせて、その敷地に建つ建物のサイズをコントロールしていくんだと。とりあえずそんな感覚をつかんでおいてもらえればオッケー。

［３］「道路（接道義務）」の基礎知識

 ミサキちゃんもそのうち、あぁなるほどってわかると思うんだけど。

 はい、どんなことでしょ。

 結局のところ、よくいわれているのが「いい土地っていうのは、いい道路に面している土地」だってね。

 いままでの話を聞いてると、うん、そうかなぁーって、思います。

ということでね、あらためまして道路と敷地の関係。その基礎知識編をやっておきましょう。

 はぁーい。

 ポイントは2つ。

> **その1**：敷地が2m以上、道路に接しているかどうか

> **その2**：その道路は「建築基準法上の道路」かどうか

 じゃあ、まず「ポイントその1」の接道義務から。

《道路（接道義務）》

 都市計画区域及び準都市計画区域内の建築物の敷地は、建築基準法に定める「道路」に2m以上接しなければならない。

まずは接道義務。たとえば山間部とか、つまり都市計画区域にも準都市計画区域にも指定されていない土地で建物を建てるっていうんだったらどうぞお好きにってことになるんだけど、我々が住んでいる街中で建築しようっていうことになると、建築物の敷地は道路に2m以上接していなければならない。

（図）

敷地A
5 m
建築できる

道路
4 m以上

敷地B
建築できない

2 m以上接道していないので、敷地Bには建築物を建築することができない。

1 m（2 m未満）

敷地C
4 m
建築できる

 さて問題です。建築基準法上、建物を建築することができない土地のはずなんだけど、実際には建物が建っている場合があります。この物件を買った場合どうなるでしょうか？

 はぁーい、これさっきもやりましたぁー。現在の建物を取り壊しての再建築はできませぇーん。

 そんな物件の広告にはなにかを書いておかなければなりませーん。なんだったでしょうか？

 「再建築不可」って書いておかないとダメでーす。更地の場合は「建築不可」でーす。

 次に「ポイントその2」の道路だね。建築基準法上の「道路」になっているかどうかっていうことなんだけど、そもそもどんな「道」が建築基準法上の道路になるのか。とりあえず基礎知識編だから、ざっとまとめてみると、主にこの3つの視点で考えてみよう。

233

《建築基準法上の道路（主なもの）》

原則：幅員4m以上ある道
① 昔からある道（公道、私道を問わない）
② 近年に造られた私道で、特定行政庁の位置の指定を受けたもの（位置指定道路）

例外：幅員4m未満しかない道
③ 昔からある道で、建築物が立ち並んでいて、特定行政庁の指定があるもの

 とにかく道幅ですね。4m は欲しいと。

 そうそう。公道でも私道でも、ある意味なんでもいい。いま「道」として存在していて、幅員が4m以上だったら「道路」としよう。まぁそんなことをいってます。まずはその視点で道を眺めてみると。

 「近年に作られた私道」っていうのがありますけど。

 これはね、もともとは大きな土地だったんだけど、その土地を細分化して分譲しようなんていうときに新設する道路のことだよ。

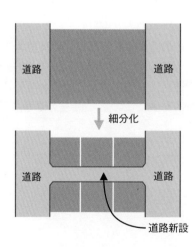

位置指定道路

　敷地を細分化する際、「道路（私道）」の新設が必要となる場合が多い。この道路新設につき、じつはけっこう厳しい基準があって、これを満たしていないと「道路」と認められない。

　幅員４ｍ以上の新設した道を「道路」とするには、役所の検査を受け、「道路」としての「位置の指定」を受けなければならない。なので「位置指定道路」といったりもする。

　ということで、私道は私道なんだろうけど、道路になっていないんじゃないかと思われる「ヤバそうな私道」も多数あり。ヤバそうだなと思ったら、役所の道路管理課みたいな名称のところに行って確認しておこう。

 次に、「例外：幅員４ｍ未満しかない道」っていうのがありまして。いま現在のルールだと「幅員4m以上」を道路としているけど、むかしは4mなくてもオッケーだったんだよね。となるとそんな道路に面して、建築物が建ち並んでいたりする。

 あ、セットバック‼　建替えのときに下がらないと‼

 そうそう。住宅が建てこんでいる古い市街地にいくと、割と目にする光景かも。「うわ道幅せまーい」ってね。

みなし道路・42条2項道路

　建築基準法で、幅員４ｍ以上の道を「道路」とすると定めたものの、既成の市街地には幅員４ｍ未満の道が多数存在する。これらを全否定するというのも、そりゃやっぱり現実的ではない。じゃあどうするか。折衷案として、建築基準法の規定が実施された昭和25年11月（それ以降に都市計画区域の指定を受けた地域にあっては、その指定された日）に現存するものは「幅員４ｍ未満であっても道路として扱おう」ということになった。これらの道のことを「42条2項道路」とか「みなし道路」といったりしている。

ま、そんな「みなし道路」とか「42条2項道路」といわれている道路。いちおう道路として扱うんだけど、敷地と道路との境界線はどこにとるか。

 いちおう道路とみなすけど「あくまでも道路の幅員は4m」というのが当局の主張でありまして（笑）

 そのとおり。となると「敷地と道路の境界線は道路の中心線から2m離れたところ」になるよね。じゃあ、実際どうなるか？　そう、この2項道路に接面する敷地上に建物を建てる（再築なども含む）ときは、敷地を「道路の中心線から2m離れたところ」まで後退させなければならない。

 これを「セットバック」といいまぁーす。

 なおセットバックにつき補償金などは原則ありません。後退費用も地主負担だよん。

そもそも、2項道路に該当しているかどうか

2項道路でセットバックがあるとはいえ、道路は道路なのだから、その敷地に建築することはできます。でね、問題なのは、その「道」が2項道路にすらなっていないというケース。2項道路かどうかは役所に行けば確認できますけど、ごくまれに「わかりません」といわれることもあるそうです。「家を建てたければ、そちらで2項道路であるかどうか調べてきてください」なんていう場合も。ゲゲッ。

2項道路として「特定行政庁からの指定」を受けている場合や、「昔からあった道」ということのほか、道路関係の規定が適用された際「現に建築物が建ち並んでいた」ということも要件となっています。なのでその証明を。えーと、具体的にどうするかというと、まず現地調査。昔からそこに住んでいた人に「昔から、家は建ち並んでいましたよね」と聞きにいく。それだけだとちょっと足りないから、登記所に行って登記簿を調べる。ポイントは新築されたときの日付。既に滅失登記になっている場合でもオッケーとのこと。

うわ、なんかめんどうだなぁーと思ったあなた、はい、そんなときは、土地家屋調査士さんに頼んじゃいましょう!!

6
日目

広告関連の基礎知識

以上、ざっとで恐縮ですけど、建築基準法で登場する、知っておきたい基礎用語。「建蔽率」「容積率」「道路（接道義務）」の基礎知識編でしたー。

おもしろかったでーす。

デメリット表示

欠陥がある不動産を広告するときは、その欠陥をちゃんと表示しておかなければならない。

▶ 【 市街化調整区域 】

市街化調整区域に所在する土地については、「市街化調整区域。宅地の造成及び建物の建築はできません。」と 16 ポイント以上の文字で表示しなければならない。

▶ 【 道路に接していない土地 】

建築基準法第 42 条に規定する道路に 2 メートル以上接していない土地については、「再建築不可」又は「建築不可」と表示すること。

▶ 【 セットバック物件 】

建築基準法第 42 条第 2 項の規定により道路とみなされる部分（セットバックを要する部分）を含む土地については、その旨を表示し、セットバックを要する部分の面積がおおむね 10 パーセント以上である場合は、その面積も表示すること。

▶ 【 古家あり 】

土地取引において、当該土地上に古家、廃屋等が存在するときは、その旨を表示すること。

▶ 【 沼沢地 】

沼沢地、湿原又は泥炭地等については、その旨を表示すること。

7日目

7 日目

ぶっちぎり合格法指南

宅建試験に合格することを決意したら、さぁさっそく受験勉強をはじめよう。方法はただひとつ。基本テキストを3周くらい読み、過去試験問題を5回くらい解き倒しておく。過去問を覚えるくらいになると十分に戦える。合格を目指してますと言っても恥ずかしくない。

POINT !

■ まずは受験勉強の時間確保。200時間から300時間。
■ 量が質を生む。とにかくガンガンこなしていこう。負けるな。
■ 「上位15%に入る」ということにこだわっていこう。

1 とにかく学習時間を確保せよ !!

さてミサキちゃん、この一風変わった入門書でしたけど、いかがでしたでしょうか。

楽しみになってきました。なんかせんせー、宅建試験の受験勉強っておもしろそーです。

おぉー、そういってもらえるとうれしいです。でね、せっかくだからミサキちゃんをはじめ、これから宅建試験の受験勉強をしていこうというみなさんに、最後に「受験心得」みたいなものをお届けできればと。

ありがとうございまぁーす。

いちおうね、「ぶっちぎり合格法指南」として8つの心得、言葉を変えれば心構えなんだけど、用意してみました。まずさっそく心得その1。ね、ミサキちゃん、受験勉強をしていくにあたりいちばん大

事なものはなんだと思う？

 えーと、んー、「やる気」ですか？

 まぁたしかに「やる気」がメチャだいじなんだけど、いくら「やる気」があってもこれがないとどうしようもない。つまりそれはなんでしょ？

 あ、せんせー、もしかして「時間」ですかぁ〜!!

 そう、そのとおり。心得その1として、「いちばん大事なのは時間ですよぉ〜」というのを掲げておきたい。

 時間かぁあ。

 自分もそうなんだけど、言い訳理由の第1位は「時間」かもしれない。

 言い訳理由？

 そうそう、たとえばさ、「いやぁ〜すみません、時間がなくて……」というアレですよ。よく使うでしょ（笑）

 あ、はい……。使います（笑）

 「時間がなくて……」。その次に使う理由は「カネがなくて……」（笑）

 たしかに、そうかも（笑）

 そのむかし、30年くらい前の話なんだけど、当時、つまりバブル時代大学生だったおーさわせんせーは広告代理店でイベント企画系のバイトしてたんだけどさ。

 うわー、せんせー、ほんとバブルっぽい!!

 そうそう（笑）。でね、その会社にね、社員で年上美女がいたわけだ。まぁ年上っていっても、25歳くらいだったか。こっちは20歳くらいだったから、すっごくオトナに見えた。

7日目

ぶっちぎり合格法指南

で、その年上美女さんが、どうしたんですか？

 よくいってたんだよ。広告代理店だからお客さんになにか新しい提案するでしょ。で、お客さんのほうもその提案に乗るとなると、そりゃもちろんお金がかかるわけだし、社内で話を通すにしても、やれ稟議だ会議だと面倒は面倒だから、最初は「時間がない」とか「おカネがない」とかいうわけよ、とりあえず。

 とりあえず（笑）

 するとね、年上美女はにっこり微笑み、こう切り返す。「でもね、時間とおカネは、つくるもんじゃないんですか？」

 キャー、かっこいい。

 そんでオレは「ついでに、子どももつくるもんですよね」とかなんとかいって、よくひっぱたかれたぜ。あっはっは。

 ったくもう、当時からそんなんだったんですねぇ……。

 えーと、話を戻してだね、とにかく時間。受験勉強に当てる時間をどう確保するかだ。

 1日1時間とか2時間とか、週に何時間とか？

 いうのはカンタンなんだけどさ、でも実際どこで確保するか。なんてったって、どうあがいても1日は24時間だしな。それに試験日までの日数をかければ、いまの自分の「持ち時間」が出てくると。

 日々の生活を考えると……。お仕事している人もいるだろうし、子育て中のママもいるだろうし。

 さっきの話じゃないけど、時間とおカネはどっか似ててね。時間は「持ち時間」、おカネだったら「予算」ってことになるかな。いずれも有限。

 どこにどう振り分けるか。なににどう使うのか。

だよね。ま、どこでどう確保するか、これはみなさんそれぞれで工夫してもらうしかないんだけど、とにかく時間。時間がとれなければどうにもしょうがない。

 たしかにですね。

 逆にいうと、試験なんていうのは時間がある人がメッチャ有利。んー、もうちょっと正確にいうと、受験勉強する時間を確保した人が圧倒的に勝つ確率が高い。そんな感じかな。だから心得その1としては「時間」。自分の「持ち時間」をいつも意識しておこうじゃないか。

2 やっぱり量が質を生む

 ミサキちゃん、たとえばさ、なにかを上手になりたいとしよう。

 えぇー、せんせーなんですか急に？

 なんでもいいんだけど、たとえば、自分の趣味でいうとサンバ。リベルダージっていうエスコーラ（注：サンバチームのことをエスコーラといいます）に所属してんだけどさ、そこでスルドを叩いているんだけどね。

 スルドっていうと？

 んーと、ドラムでいうとバスドラムみたいなもんかな。いちばんでっかい楽器で重低音を担当。打面のサイズでいうと、いま持っているのが24インチ。自転車の車輪の大きさだよね、そんな太鼓。それを肩からぶら下げて、ドカスカ叩きまくる。ズドォーンという重低音がサイコーにきもちいい。

 うわー、なんかたのしそう。

 うん、メチャたのしい。仲間もいっぱいいるしね。あ、でね、たとえばそんなスルドなんだけど、単純そうに見えてこれがまた、上手に叩くのってけっこうむずかしい。はじめてやったときなんか、ぜ

んぜん叩けない。

 せんせー、そりゃそうでしょ。なんだって最初はうまくできないし。

 他人がかんたんそうにやっているのをみて、自分がそれをやってみると、うまくできない。アタマじゃわかってるんだけど、カラダで覚えていないから、うまくできない。

 ありますよね、あるある。そういうことって、いっぱいあるかも。

 でさ、ぜんぜん上手にならなくて、へこんだりしたこともあったけど、それでも練習しているうちに、まぁそこそこ、叩けるようになってきた。もちろん、まだ下手だけどね。

 やっぱり練習しないとね、せんせー。

 まぁそんなわけで、受験勉強にかぎらず、なにかをモノにしようと思ったら、やっぱりある程度の練習量が必要だよね。つまり「量が質を生む」っていうことかな。ある程度の量をこなさないとうまくできない。

 ですよねー。

 たとえばね、パソコンの操作とかも。キーボードのタイピングなんてとくにそうだよね。

 あとは、お料理とか。

 だよねー、包丁の使い方に歴然と差が出たりね。自分なんか、そもそもの段取りがアタマに入ってないから、ムダな動きが多かったり。結果として、不味いとか（笑）

 英会話なんかもそうですよね。んー、たしかに、なんでもそうか。

 そもそも宅建試験っていうのは「法律」の試験だから、そりゃやっぱりそれなりに専門用語が出てくるし、それが意味する概念を理解しとかなきゃいけないもんな。

ですね。

 そんでまた分野によっては「30 日以内に届け出よ」とか「1,000㎡ 未満だったら許可不要だ」みたいな数字がでてきたり。そして実際 の試験問題をちゃんと読んで意味を理解したうえで、勉強して覚え ておいた内容のどれかを当てはめて正解を導きだす。

 うわ、なんか、戦意喪失……。

 ……と聞くとけっこうたいへんな感じがするけど、まぁしょうがな い。合格者の誰しもが通る道だ。ということで受験勉強心得として、 みなさんある種の「覚悟」をヨロシクお願いします。

 どんな覚悟でしょ？

 さっきもいったけど「量が質を生む」っていう覚悟。まぁこれはどこ の受験スクールでもいっていることなんだろうけどね。具体的にいう と「テキストは 3 回読む・過去問などの演習問題は 5 回解く」という 感じかな。

 たしかに、1 回ざっと目を通しただけじゃ、そのとき理解できたと しても知識として定着してなかったり……。

 テキストを読んだり問題を解いたりするのも、最初のうちはちょっと しんどいかもしれないけどね。でもちょこっと我慢してやってみる。 続けてみる。

 「テキストは 3 回読む・過去問などの演習問題は 5 回解く」ですね ……。

 もちろんひとつの目安だよ。個人差もあるだろうしね。それくらい やっておくと読解力もアップするだろうし、30 日だの 1,000㎡だっ ていう数値的なこともアタマに入ってくるはず。

 量をこなしているうちに、自然にチカラがついてくると。

いずれにせよ、テキストをざっと眺めて解答解説をあてにしながら過去問を1回くらい解いたとしても、合格するチカラはつかないんじゃないかと。

 だからある程度の時間が必要だと。

 まぁね。だから覚悟をキメてきっちりベンキョーしようぜ。そしてみなさん、秋にでっかい成果をいっしょに作りましょうね。盛り上がっていこう。えいえいおー!!

3 マドルスルーでいってみよう

 とはいえ、テキストを3回転する、つまり3回読み直すのもね、ちょっとたいへんかもしれない。でもやってみよう。

 そういう「覚悟」が必要なんですよね。

 そして頃合いをみて、過去試験問題に取り組む。これもやってみればすぐわかることなんだけど、とにかくだね、問題文や選択肢を読むのが意外とたいへん。読み慣れていないうちは、なにを言ってんだかさっぱりわからなかったりする。

 ですよねー。あー、でもよかった、この講座を先に受けてて。少し耐性がついてるかも。

 ありがとう。でね、最初のうちは「あぁー、もうこの内容、忘れてる」「ぜんぜん覚えられない」とかなんとか、自分で自分がイヤになる。そして「もうやめたい。やめたほうがいいよ。どうせ受かんないよ。向いてないし。そもそも自分アタマ悪いし」。そんなふうに思いはじめる。

 はい、思います、きっと、わたしなんかすぐ(笑)

 だけどね。続けてみる。そうだ、そうそう、子どものころを思い出してほしいんだけど、ほら、自転車。

……自転車？

 もう忘れちゃってると思うけど、補助輪なしの自転車、ある日、子どもだった我々は、突然に乗れるようになったりしたでしょ。

 ……そうでしたっけ？

 そうだよ。子どもたちを見てるとさ、当の本人が「あれ？」みたいな感じでさ、びっくりしてたりする。でもね、「ある日、突然に乗れるようになった」といったけど、そりゃまわりのオトナたちが気がつかないだけで、子どもたちは毎日、ほんのちょっとずつなんだろうけど、心も体も成長してたんだろうね。

 うんうん、せんせー、そうですよね、そうそう。成長してたんですよね。

 知らないうちに自転車をコントロールする筋力もついてきてたんだ。そしてある日、思い切って、いままで転んでばかりいた自転車に、また乗ってみようって思ったんだろうな。

 チャレンジ精神ですね、わたしたちも忘れちゃいけないわ（笑）

 また転ぶかな、イヤだな。そんな思いを振り切って。えい。ペダルをこいだら、わー、乗れるじゃないかっ!! いちどコツをつかんだら、こっちのもの。そして子どもたちは、いままでとはちがう風を感じはじめる。ちょっと得意げにね。

 ステキ、せんせー。

 ということで、ちょっと我慢して受験勉強に取り組んで行くうちに、ある日突然、問題がすらすら解けるようになる。マジだよ。

 ある日、突然。できるようになる。ステキです、とってもステキ。

 勉強量もさることながら、受験勉強をしていると独特の孤独感というか先が見えない不安っていうのを味わったりするよね。思いのほか手こずったりしたときなんかね。「結局、できないんじゃないか」「こんなんでいいのかな」「やっぱり自分って、向いてないのかも」。で

もたぶん、誰しもそんな思いに囚われるんじゃないかと。

 それは、誰でも通る道ということでしょうか、せんせー。

 そのとおり。かくいうおーさわせんせーも、そんな気分に陥ることが多々あります。そんときはね、みなさん、この都々逸を、口ずさんでください。そっかー、そうだよなと、めちゃ元気がでます。森繁久彌さんも、よく口ずさんでいらしたそうです。

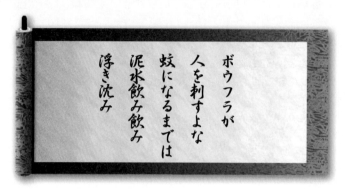

ボウフラが
人を刺すよな
蚊になるまでは
泥水飲み飲み
浮き沈み

 なんかせんせー、いいかも、この都々逸。

 ということでだ、しょうがないから覚悟を決めて「泥水飲み飲み・浮き沈み」しようじゃありませんか。それからね、マドルスルーっていう言葉もあるよ。

 マドルスルーって、なぁに？

 こんな意味合いです。

> **マドルスルー【maddle through】**
> まるで解決策が見つからない中、泥の中をもがくようにがむしゃらに突き進むことでいつのまにか解決策にたどり着くという考え。

 せんせー、ちょっと元気が出てきたかも。

おう、よかったぜ。とりあえずさ、がむしゃらにやってみようじゃないの。きっと宅建の女神は微笑んでくれるよ。それを信じて、マドルスルーでいってみよう。

4 めざせプロ野球の優勝チーム

 ところでさ、宅建試験の合格点なんだけど。

 はいはい。

 年によって変動があるけど35点前後。全50問の出題だから、逆に考えると15点前後は間違っててもいいんだけど、とりあえず「35点取る」っていうふうな「決意」をね、ぜひしておいてもらいたいです。

 はぁーい。ふんばってみます。

 でね、この35点。ただ漫然と「50問中35問」ということじゃなくて、ある種の作戦がある。つまり、得点できるところでがっちり得点する。これはね、プロ野球でもいっしょみたい。

 プロ野球ですか？

 そう。たとえばね、パ・リーグ優勝を果たしたときの埼玉西武ライオンズの対戦成績（80勝62敗1分け）を見てみると、東北楽天ゴールデンイーグルスには11勝14敗、ソフトバンクホークスとは12勝13敗だったりした。

 えぇー、そうなんですか？

 そうなんだよ。じゃどこで「勝利」を稼いだのか。優勝したときのお得意先はどこだったのか。調べてみたら、おぉー、オリックスとロッテ。それぞれ17勝8敗、16勝8敗1分けと荒稼ぎ。ライオンズの80勝から62敗を引くと18勝。その18勝のうち17勝をこの2チームからもぎとっていたのでありました。

7日目

ぶっちぎり合格法指南

せんせーごめんね、わたしあんまり野球は詳しくないんだけど、でも、いってることはよくわかります。

 これを宅建試験に置き換えると、やや強敵なのが「権利関係（民法編）」かな。50問中14問の出題です。ここはね、ちょっとひねった出題もあるから9勝5敗くらいかな。8勝でもよし。とにかく勝ち越せればよし。

 はい、りょーかいです。

 一方、がっちり得点できるところは宅建業法編（20問の出題）、そして法令制限編（8問の出題）。とにかくここから稼げるだけ稼いでください。とくに宅建業法編は全勝（20勝0敗）するつもりで!!

 よぉーし、気合いを入れて行きまぁーす。

 たとえばさ、宅建業法編で18勝、法令制限編で6勝、権利関係編で9勝できてれば、これでトータル33勝。残り8試合で2勝できれば優勝だっ！！

 きゃー、コーフンしちゃいますっ!!

5　上位入賞という意識

 前にもいったと思うけど、宅建試験ってさ、例年25万人くらいが受験申し込みをして、実際に受験するのが20万人くらい。合格率が15％前後だから合格者は3万人ほど。ということでキーワードは「受験者20万人」「合格率15％」「合格者3万人」。

 はい、そうでしたね。

 一方、いま合格点はどうなっているかというと、その年の問題の難易度によって変動してて、でもおおよそ35点前後。

 そうでしたよね。

ということで、「何点とればいいか」じゃなくて「上位15％に入る」っていうことのほうを意識しておいたほうがいいかな。「万」の単位を省くと20人中3人。クラスに20人いたら、そのうち3人だけが合格。そんなイメージかな。

 なんか、そういわれるとけっこうむずかしい気がします。

 でもね、その20人のうち、「過去問ざっと読み」の「フィーリング解法」の人がけっこう多い（笑）。こういっては失礼ですけど、ありがたいことに平均点引き下げ部隊に回ってくれます。

 みんながみんな、しっかり勉強してきちゃうとね、それはそれで困りますよねー。

 だから、その数に惑わされることなく、やるべきことをきっちりやっておけばだいじょうぶ。そういうふうに思っておく。

 はぁーい。

 とにかくさ、過去問とおなじ趣旨の問題はばっちり解けるようにしておいてね。とくに宅建業法編や法令上の制限編だよね。おなじような内容が繰り返し出題されてます。合格レベルの人たちはみんな得点してくるしね。

 プロ野球の優勝チーム、ですよね。

 そうそう（笑）。民法などの権利関係編は、過去に出題されていない話が混じったりしてくるよ。それでビビっちゃうかもしれないけど「テキスト3回・問題集5回」をクリアしてたら「あ、この問題（選択肢）はだれもわかんないなー」という判断でオッケー。そんなに気にしないこと。

 ある種のメリハリが必要なんですね。

 そのとおり。とりあえず上位入賞をめざして、盛り上がっていこうじゃないの!!

7日目

ぶっちぎり合格法指南

251

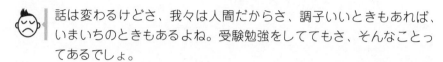

6 ヒミツの法則「3.10.60.27」

話は変わるけどさ、我々は人間だからさ、調子いいときもあれば、いまいちのときもあるよね。受験勉強をしててもさ、そんなことってあるでしょ。

はい、そりゃもちろん、ありまぁーす（笑）

合格をめざす道のりは、意外と長いからなー。長くて曲がりくねった道。さまざまな困難もあるでしょう。でも、乗り越えて歩いて行く。はい、ではそんなみなさんにここで1曲。ビートルズの「ザ・ロング＆ワインディングロード」です。どうぞ。

……せんせー、知らないかも、その曲。

げげ、そうなの？

お父さんだったら知ってるかな、ビートルズ。お父さんはせんせーと同じ年だし。

げげ、そうなの？

せんせーはお父さん!!

やめてケレ、やめてケレ、やめてケーレ、ゲバゲバ♬

……？？

……もちろん、知らないと。

話を戻して。

えーと、はいはい、そうそう、受験勉強をしていくうえでだいじなこと。それはなにかというと、調子の悪いときのやり過ごし方。「自分ってダメだな……」なんて思うときがあるでしょ。そんなときをどうやって、乗り切るか。

やっぱり気合いですか？　ポジティブシンキングとか？　セルフイメージをアップさせるとか？

 いやさ、それもだいじだけどさ、ダメなときはダメなんだよね。そもそも憂鬱になってんだからさ。ポジティブに考えようっていうパワーすらないと。

 ……ですよね。

 そこでだ、ミサキちゃん、「3：10：60：27」の法則って知ってる？いつだったか、マーケティングのセミナーに行ったときに聞いてきた話なんだけどね。この人間社会、不思議なことに、この割合で分類できちゃうそうだ。

 へぇー、どんなふうにですか？

 たとえばね、不況という経済状況のなか。そんな状況でも絶好調に利益をあげている会社が3％。そこそこうまくやってるのが10％。可もなく不可もなく、とくに成長も変化もないのが60％。全くダメなのが27％。

 へぇー、そうなんですか？

 なんかね、そうらしいんだよね。ためしに、100人の友達がいたとしてさ。メチャ疲れて人生がイヤになったとき、そんなときだからこそ、話をしたい友だちってたぶん3人＋10人。

 んー、そうですね、そんな感じかも。

 逆に、今日はカンベンっていうのが、100人のうち27人。

 あっはっは。たしかにそうかも。

 はじめて聞いたとき、えらく納得したんだよね。でさ、これを受験勉強をしている1ヶ月間（30日）に置き換えてみる。するとどんなアンバイになるかというと。

 はいはい。

7
日目

ぶっちぎり合格法指南

「絶好調!!　自分ってすごい」と思えるのって、たったの１日。１日だよ。次に「まぁまぁ、やれたな」が２～３日。「ふつう」が20日くらいで、「心が折れた」が７日くらい。

「心が折れた」が７日もあるっ!!

もうヤダーっていう気分の日だよね。この「3・10・60・27」の法則がほんとにあるとすると、調子がでない今日は、もしかしたら「心の折れた日」かもよ。

ですよね。

そんなときは、あきらめて、さっさと寝ちゃいましょう。あがいてもしかたがありません。

はぁーい。寝ちゃいまーす。

明日は絶好調の日になるかもしれないしね。そんな感じで、ある意味ムリはしないという心構え。みなさんヨロシクね。

7　いまの自分に集中してみる

そもそもね、試験を受けるっていうこと自体の本質は「競争」だよな。

競争率っていう言葉もありますもんね。

まぁ受験勉強に限らず、仕事だって競争だもんね。だれかとの順位がつく。こんどの彼は仕事ができるオトコなのよぉ～、とか。

仕事のできるオトコの人が好き♡

要は、このオトコはいっぱいお金を稼ぐかどうか。その判断基準はとてもすばらしい。断じて正解。なのでミサキちゃん、結婚するんだったら、ぜったいに、お金を稼ぐオトコじゃないとダメ。愛はお金じゃ買えないけど、お金がなくなれば愛は消える。

えーとせんせー、この講座って婚活セミナーでしたっけ（笑）

 そうだよ（笑）。じゃなくて、えーと、試験に合格するための受験勉強も競争は競争なんだけどね。競争とは、すなわち「他人を意識する」ということであります。でもはじめのうちはさ、あんまり他人を意識しない方がいいかもね。

 他人を意識する、ですか？

 そうそう。人前で緊張するのはなぜか。そこに他人がいるからです。その他人を意識する。だからさ、おなじ場所に立ったとき、目の前にだれもいなければ、ただ立っているだけ。だれもいないのに緊張してたら、そりゃへんだろ（笑）

 たしかにそうですね。

 「自分を奮い立たす」というか「さぼりがちな自分に気合いを入れる」というような意味合いで「他人を意識する」っていうのはありかもしれないけど、あんまり自分と他人を比較しすぎるのもいかがなものかと。

 他人と比べて、自分のほうがいいかもと浮かれたり、劣等感を味わって落ち込んだりと。

 ね、そうだよね。ある意味、年がら年中、我々はそんなことをやっているわけでね。

 疲れますよね〜（笑）

 そうそう。そうなんだよね。最終的にはさ、我々は「人と比べて勝つ」ということを、つまり「試験に合格する」っていうことを目標にしているわけなんだけど、その、なんというか、そういう意識はさ、試験当日だけもっていればいいんじゃないかなと。

 受験勉強をしている間はあまり余計なことを考えないと。そんな感じですか。

そうそう。淡々と勉強を続けると。クイズを解くとか、小説を読むとか。まぁそんな心持ちになれるといいんだけどなー。小説を読んでいるとき、他人と競争してないでしょ。

 あーたしかに。わたし探偵小説が好きなんですけど、読んでるとき、他人と競争してないです。

 でしょ。まぁさ、好きな探偵小説を読むようなわけにはいかないんだろうけど、とりあえずテキストを読んだり問題集を解いたりしているときは、なるべくそれに没頭できるといいよね。

 問題が解けたときの達成感みたいなのを味わいながら、ですか？

 そうそう。とりあえずさ、自分をほめよう。ね、できたらちゃんとほめてあげる。これがだいじだったりするんだよね。意外とそれができない人もいてさ。

 自分をほめない人ですか。

 ここまでできたのに、「ダメダメ、ほんとはもっとできるはず」と自分を叱る。

 うわぁ〜。

 自分を叱ってばかりだと潰れちゃうよね。そもそも心なんて脆弱で、ちょっとしたことで浮き沈みするしね。さっきの「3：10：60：27」の法則でも見てきたとおり、120％くらいのパワーを発揮するときもあれば、60％に下がっちゃうこともある。

 ……ですよね。

 受験勉強の計画や目標を立てて、きょうはここまでやるぞ的なスケジュールとでもいいましょうか、そんなのを立ててきっちりやっていこうっていう人もいるよね。

 ……いますよね。

それはそれで指標があっていいんだけど、でも結局さ、計画どおりに運ばないのが受験勉強であって。んー、受験勉強に限らないね。そもそも人生そのものが思いどおりにはいかないけど。

 ほんとに思いどおりには行きませんよね（笑）

 だからさ、それを前提にしておく。「計画どおりに受験勉強が進まなかった」といって自分をしかる人もいるだろうけど、心なんてさ、子どもといっしょだからさ、ほめないとね。

 あ、わたし、ほめられると伸びるタイプでーす。

 オレもだよー（笑）

 あまり神経質にならず、ゆったり構えてみる。そんな感じですかね。

 そうだね。そんな心構えだね。あ、そうだ、あとね、他人と比較するっていうことなんだけどね。

 はいはい。

 この他人には「過去の自分」も入るから。「学生のころは、もっと覚えるのが早かったなー」とかさ。

 あー、そうですね。よく耳にします。

 ミサキちゃんあたりの世代だと、まぁそんなことはあんまりいわないんだろうけどね。過去の自分と比べてもしょうがない。だってさ、そんな過去の自分なんて、もういないんだからね。

 なるほど。たしかに、もういません。

 自分のセルフイメージとでもいいましょうか。それと比べて「自分はそんなふうじゃない」ってね。そんなに年を取っていない、そんな顔じゃない、そんな声じゃない、などなど。

 思い当たる節、あるかも。

ぶっちぎり合格法指南

考えてみれば人間って不思議なもんだよね。自分でつくったセルフイメージと比べてそんで落ち込んだり、怒りを感じたり。

 自分に怒りを感じるっていうの、ちょっとわかる気がします。

 怒ったってしょうがないよね。

 しょうがないです。

 宅建の受験勉強をしてて、そんな怒りみたいなのを自分に覚えたときは。

 ……覚えたときは？

 自分でなんとかしてください（笑）

 いやぁ～ん（笑）

 とりあえずさ、自分はそんなもんだと認めちゃう。ある種のあきらめとでもいいましょうか。

 受け入れちゃうっていう感じかしら。

 そうだね。むずかしいかもしれないけどね。自分にイライラしててもしょうがないしね。

8 人に頼る

 さて、「ぶっちぎり合格法指南」として、いよいよ8つ目なんですけど。これはね、甘えちゃう。思い切って人に頼っちゃうと。

 親とかにですか？

 親ね。んー、まぁ家族でもいいんだけど、オトナになってからの受験勉強だからね。高校受験とかだと、家族もそれなりに援助体制を整えたりするだろうけど、宅建だからなー。

んー、そうですね。

 むしろね、家族から、とくに夫とか妻から迷惑がられたりしてな。奥さんが受験勉強に一生懸命なので、家事が停滞すると。そして子どもの面倒を見なきゃいけない夫からのクレームが入るとか（笑）

 あ、なんか、そういうことあるかも!!

 もちろん、応援してくれる夫や妻のほうが多いんだろうけどね。とはいえ、家族は家族で、受験勉強の当事者じゃないからな。でね、ここでいう「人に頼る」とは、受験勉強の当事者同士。仲間意識とでもいいましょうか。

 ライバルであって、仲間であって。そんな感じですか？

 いや、どっちかというと顔を知った仲間だと、ライバルというよりも同志っていう感じになるんじゃないかな。「人と比較してどうのこうの」って、あれは顔が見えない、漠然とした人集団というような意味合いかな。

 学校のときのクラスメイト。そうでしょ、せんせーがいいたいのって。

 そうそう。それそれ。宅建ダイナマイト合格スクールの「どっかん合格体験記」を読んでみてもらえればわかるけど、みなさん「受験勉強の仲間がいてよかった」って口をそろえていってます。

 そうですよ、せんせー。孤独感や不安感ってぜったいあるはずだし。

 はいはい、そのとおり。本を買ってきて独学を続けるっていうのは、かなり強靭な精神力が必要だし。やっぱりそこに仲間がいて、笑いがあって、励ましあって、涙があってみたいなほうがたのしいです。

 そりゃせんせー、そんなの当たり前じゃないですか〜!!

 だよね。だからね、こちらとしてもみんなが仲良くなれるしくみを用意しておこうと思いまして。たとえばインターネット配信「みんな集まれ宅建ダイナマイト」とかね。

7日目

ぶっちぎり合格法指南

259

まだ参加したことないんですけど、なんか、みなさんの感想を聞いてるとメチャたのしそうですよね。

そうなの。っていうか、やっているこちらもメチャたのしい。インターネット生 Live 配信ならではの特性をめいっぱい生かした双方向・インタラクティブ娯楽コンテンツって感じかな。

へぇー、いいですね。

無料だから、いちど遊びに来てみれば。楽しい仲間がいっぱいいるよ。

はぁーい。そうしてみます。

ブログもあるし、メールマガジンも発行してるから、そんなのも上手に利用してもらえるとうれしいです。

はやくお友だちを作って、いっしょに勉強して、そして宅建試験に合格!!なんかせんせー、ワクワクしてきた。

そうこなくっちゃ。とりあえず今年、宅建試験に合格して、人生ドカンと弾ませよう!!

弾ませますっ!!

宅建ダイナマイトは、そんな皆さんの味方です。明るく楽しく激しい宅建ダイナマイト。受験勉強エンタメ化計画の道、これからも突き進んでいきますので、どうぞみなさん、おつきあいのほどよろしくお願いいたします。

ぶっちぎり合格法指南

1 とにかく学習時間を確保せよ‼

受験勉強する時間を確保した人が圧倒的に勝つ確率が高い。「持ち時間」をいつも意識しておこう。

2 やっぱり量が質を生む

たとえば「テキストは3回読む・過去問などの演習問題は5回解く」。

3 マドルスルーでいってみよう

泥の中をもがくようにがむしゃらに突き進むことでいつのまにか解決策にたどり着くという考え。

4 めざせプロ野球の優勝チーム

宅建業法編（20問の出題）、そして法令制限編（8問の出題）。とにかくこの2分野から稼げるだけ稼ぐ。

5 上位入賞という意識

「上位15%に入る」という意識で。

6 ヒミツの法則「3・10・60・27」

調子がでない日はあきらめて、さっさと寝ちゃいましょう。

7 いまの自分に集中してみる

まず受験勉強に集中してみよう。あまり神経質にならず、ゆったり構えてみよう。

8 人に頼る

受験勉強の当事者同士。そんな仲間を作ってときには甘えてみよう。

たとえば「当該」という言葉

「当該」なんていう言葉。
たしかに日常生活では使わないですよね。
ところが宅建試験だと、問題文やら選択肢やらで「当該土地につき」
とか「当該建物の瑕疵を担保すべき責任に関し」というふうにやたら
目につきます。

そんな当該。

国語辞典で調べてみますと「そのことに関係がある」だそうです。
なので、「当該」という言葉は「この」に置き換えることができるかも。

「当該土地につき」＝この土地につき
「当該建物の瑕疵を担保すべき責任に関し」＝この建物の瑕疵を担保
すべき責任に関し

どうでしょう。あまり違和感はないかなと思います。

こんな感じで、日常生活では使わないような「言葉」は、なるべくな
じみのある言葉に置き換えてみる。

そうすると、テキストも少し読みやすくなるだろうし、問題演習に取
り組む際にもスラスラいけるからストレスがなくなるかも。

とりあえず「当該」という言葉を取り上げてみましたけど、「この言葉
がいや」とか「この言葉の意味がわかりにくい」というようなお悩み
があれば、どうぞ宅建ダイナマイト合格スクールまでお寄せください。

的確にお答えするとともに、こちらとしてもある意味、勉強になります。

長年、講師稼業を続けてますと、どうしても初学者のみなさんの受験
勉強をしてるときの「ニュアンス」を忘れがちになってしまいます。

なのでみなさん、「こんなこと聞いてもいいのかな…」なんてことを
思わないで、どうかお気軽にお声がけくださいね。

付録

試験によく出る
重要宅建用語集

初学者にとっては慣れない
用語が多数登場します。
この付録で少しでも多くの
用語を覚えてから学習する
とスムーズに攻略できます。

（特典「スマホで学べる単語帳」でも見られます）

切り取って冊子としてご使用ください。

▶ 権利関係

民法
みんぽう

制限行為能力者
せいげんこういのうりょくしゃ

成年被後見人 *せいねんひこうけんにん*	重度の認知症。判断力がない状態になっちゃった人が対象。事実上、自分の財産を自分で管理することができなくなる。保護者として成年後見人がつけられる。以後、成年被後見人の財産コントロールは、成年後見人がすべて代理して行う。だれが成年後見人になるかで親族間での争い勃発。成年後見人の財産着服事件もよくある。
被保佐人 *ひほさにん*	中程度の認知症。成年被後見人よりはだいじょうぶな人。でも認識できているか怪しい。被保佐人には保護者として保佐人がつけられる。土地を売買するなどの、判断を誤ると財産を大きく失うような取引を被保佐人がしようとするときは、保佐人の同意が必要となってくる。同意なく勝手にやった場合は取り消せる。
被補助人 *ひほじょにん*	軽度の認知症。米を研いだのを忘れるとか、訪問販売で着物を何枚も買っちゃうとか。保護者として補助人がつけられる。被補助人の状況に応じて補助人の同意が必要となる行為を選ぶ。その行為を同意なく勝手にやった場合は取り消せる。
制限行為能力者 *せいげんこういのうりょくしゃ*	「未成年者」「成年被後見人」「被保佐人」「被補助人」を指す。彼らが一人で勝手にやった売買契約などは取り消すことができる。なお普通の人がやった場合は取り消せない。
未成年者 *みせいねんしゃ*	20歳未満の人。未成年者が親（法定代理人という）にだまって誰かと契約した場合、その契約を取り消すことができる。
取消し *とりけし*	「いったん有効に成立した契約を取り消せばはじめからなんでもなかったことになる」ということ。「未成年者が勝手にした契約は取り消せる」というような感じで使う。
無効 *むこう*	「取消しなどしなくてもはじめから契約などしていなかった」ということ。そういうふうに扱うこと。「夫を殺してくれという契約は公序良俗に反する契約なので無効」というような感じで使う。

意思表示
いしひょうじ

意思表示 *いしひょうじ*	自分の意思を相手に表示すること。意思表示が合致すると契約成立。たとえば「買いたい」と思った物を「買います（売ってください）」といったときに、相手が「はい売ります」といえば契約は成立。「売りません」といえば契約は成立しない。意思と表示は一致しているのが通常なんだろうけど、一致していない場合もある。たとえば詐欺による場合とか。

心裡留保 （しんりりゅうほ）	嘘や冗談で「売るよ」とかいってしまうこと。相手方が真に受けて「買うよ」といった場合、売買契約は成立しちゃう。なので、売った物を引き渡さなければならなくなる。口は災いの元。
虚偽表示 （きょぎひょうじ）	財産隠し（仮装譲渡）したいときに行う意思表示。「自分のマンション、借金のカタにとられちゃいそうだから、彼女の名義を移しておこう」とか。もちろん、そんな彼女との間のインチキなやりとり（虚偽表示）は無効。
錯誤 （さくご）	「それ買います」っていったんだけど、物をまちがえていたような場合をいう。「錯誤」による意思表示は取り消すことができる。
詐欺 （さぎ）	他人からだまされて「買う」とか「売る」とかいってしまうこと。そういった意思表示（詐欺による意思表示）は取り消すことができる。
強迫 （きょうはく）	脅迫ではなく民法上は「強迫」。他人に強迫されて「買う」とか「売る」とかいってしまった場合、取り消すことができる。詐欺とおなじく他人からの影響により本心でないことをいってしまうケース。
善意 （ぜんい）	善意とは事情を知らないこと。「善意の第三者」というような使い方をする。善意の第三者とは「取引の当事者以外の人で、事情を知らない人」というような意味合いになる。
悪意 （あくい）	悪意とは事情を知っていること。善意にしろ悪意にしろ、日常用語的な意味内容ではないことに注意。
第三者 （だいさんしゃ）	取引の当事者以外の人。たとえば「AがBに土地を売った」というような場合、AとBは当事者。AB以外の人が「第三者」。

代理
（だいり）

代理 （だいり）	たとえば「代理人として建物を売ってきてくれ」と頼まれたとする。その後代理人が買主を探し、売買契約を結ぶ。この場合、売買契約は代理を依頼した本人と買主との間で成立。
無権代理 （むけんだいり）	本来は代理人じゃないのに、ある人の代理人と称して契約をしてきちゃうようなこと。もちろん勝手に代理された人には影響は及ばない。でもその人が追認すれば有効な代理行為となる。

債権
（さいけん）

債権者・債務者 （さいけんしゃ・さいむしゃ）	債権とは他人に「○○をしろ」と一定の行為を請求できる権利。債権を持っているほうを債権者という。反対に「しなきゃいけない立場」のほうを債務者という。債権・債務は主に契約で発生。だから安易に契約しないほうがいい。

債務不履行 （さいむふりこう）	債務者が契約どおりのことをしないこと。たとえば売買契約の買主が「月末に代金を支払います」という話だったのに払ってないとか。売主は買主の債務不履行を理由に契約を解除することができたり、損害賠償を請求することができたりする。
債権譲渡 （さいけんじょうと）	債権は譲渡することができる。AがBにお金を支払わなければならないんだけど現金がない場合、AがCに対してもっている金銭債権（お金を払ってもらえる権利）をBに譲渡するなんていうことができる。この場合、Bが新しい債権者となってCからお金を回収する。
弁済 （べんさい）	約束の日にカネを払ったり物を引渡したりすること。弁済すると債権は消滅する。借りたおカネを返すというような局面だと、弁済よりも返済という言葉のほうがしっくりくるかな。
相殺 （そうさい）	AがBに「100万円払え」という状況で、一方BのほうもAに「80万円払ってくれ」という状況だったとしよう。実際に「AがBから100万円を受け取って、そしてBに80万円払う」というやりとりをしてもいいんだけど、めんどうだったら相殺しちゃって、「BがAに差額の20万円を払っておわり」というふうにすることもできる。
契約の解除・ 解除権 （けいやく かいじょ・かいじょけん）	契約を解除するには解除権が必要となる。解除権がなければ解除できない。一方的に契約を破ったりすると相手方から損害賠償を請求されたりする。
解除した場合の 原状回復 （かいじょ ばあい・げんじょうかいふく）	契約が解除となった場合、お互いに元のとおりに戻すこと。売買契約が解除となった場合だと、売主は受け取った代金を返還しなければならないし、買主は買った物を売主に返還しなければならない。
損害賠償 （そんがいばいしょう）	相手に与えた損害を賠償すること。通常は損害賠償として金銭を支払う。契約違反（債務不履行）があったときは相手方が、不法行為があったときは被害者が、損害賠償を請求することができる。

連帯債務・保証債務
（れんたいさいむ・ほしょうさいむ）

保証債務 （ほしょうさいむ）	他人の保証人となること。AがBからカネを借りるときにCが保証人となった場合、Aがカネを返せなくなったらCが返さなければならなくなる。
連帯債務 （れんたいさいむ）	ABCの3人が600万円で不動産を買った場合、ABCは本来、それぞれ200万円を売主に払えば責任がなくなるわけなんだけど、代金の支払いが「連帯債務」となっている場合は話は別。Aが自分の負担分200万円を払っていたとしてもそれで終わりにならない。売主はさらにAに「あとの400万円も払え」と請求することができる。とにかくトータルで600万円払わなければ抜けられない。

契約

買主の追完請求権	買った物の品質などに問題があった場合、買主は、売主に対し、修補や代替物の引渡しなどの履行の追完を請求できる。
贈与契約	単に物をあげるという契約。「物をあげる代わりに、カネをくれ」ということになると、贈与契約ではなくて売買契約となる。
請負契約	「注文住宅で家を建ててもらう」というような契約。家を注文したほうを「注文者」、請け負った工務店などのことを「請負人」という。
委任契約	自分ではできない、専門的知識が必要となる法律的なことを他人にやってもらう契約。たとえば会社を設立するときの手続きを行政書士にお願いするとか。依頼したほうを委任者、依頼を受けたほうを受任者という。請負とおなじく他人の力を借りるパターン。
賃貸借契約	レンタル。貸主から物を借りる代わりに賃料を払う契約。「Aの建物につきAB間で賃貸借契約が締結された」というような場合、Aを賃貸人、Bを賃借人という。なお、賃貸借契約に基づいて、借りた物を使える権利のことを「賃借権」といったりする。
使用貸借契約	ただで（賃料なしで）貸し借りすること。賃料がある場合は賃貸借という。
同時履行の抗弁権	たとえば売買契約などの場合、売主は買主に「商品を引き渡す」という債務を負っているし、買主は買主で「代金の支払い」という債務を負っている。このようにお互いが債務を負い合っている場合は、どっちかが先にやるということじゃなくて、同時にやりましょうというようなこと。

物権

共有	ひとつの物を複数の人たちで共同で所有すること。たとえば別荘をABCの3人で共有するとか。この場合、各共有者の持分は原則として3分の1ずつとなる。年間の維持費が30万円かかるとするとひとり頭10万円ずつの負担となる。
地役権	自分の土地の使い勝手をよくするために「お隣さんの土地に通路をつくりたいな」みたいなときに設定する権利。

抵当権 （ていとうけん）	おカネを貸すときに、相手が持っている不動産に抵当権を設定することができる。もし相手方が返済できなくなった場合、お金を貸したほうは、相手の不動産に設定した抵当権を実行（競売）することができる。競売代金で、貸したカネを回収する。ちなみに競売とは、裁判所にお願いして実施するオークションみたいなもの。抵当権を設定せずにおカネを貸した場合は、もちろん競売なんてできない。もしかしたら回収不能となるかもしれない。

時効（じこう）

物上保証人 （ぶつじょうほしょうにん）	「他人が借金するときに、自分の土地に抵当権を設定してあげる」なんていうこともできる。他人のために自分の不動産に抵当権を設定した人のことを物上保証人という。その他人が借金を返せなくなったら、自分の土地が競売されちゃう。いい人なんだろうけど、不幸になると思う。
取得時効 （しゅとくじこう）	長年、他人の土地を堂々と使い続けていると自分の所有地にできるという制度。10年で所有者になれる場合と、20年かかる場合とがある。
消滅時効 （しょうめつじこう）	「カネを払え」という債権を持っていたとしても、5年間（または10年間）なにもしなければ時効により消滅する。消滅時効の完成により債権が消滅すると、もはや「カネを払え」とはいえなくなる。
時効の援用 （じこう　えんよう）	時効で得するほうが「時効が完成した」と主張すること。たとえば、「カネ返せ」といわれたときに「もう時効だよ＝払わないよ」とか。「土地を返せ」といわれたときに、「もうオレの土地になってんだよ」とか。
時効の利益の放棄 （じこう　りえき　ほうき）	「時効の利益を放棄させる」とは、たとえばカネを貸すときに「ワタクシは消滅時効が完成しても全額お支払いします。消滅時効は主張しません」みたいなことを書かせること。そんな一筆とったとしても無効。
時効の更新 （じこう　こうしん）	たとえば「貸したカネ返せよ」という金銭債権をもってたとしても、なにもせずぼぉーっとしていると消滅時効が完成して債権は消滅。もう取り立てられない。それがイヤな人は、まず時効を更新させよう。裁判上の請求などにより時効は更新できる。たとえば4年経ったときに更新させたら、期間はゼロ。また1から進行。

相続（そうぞく）

相続人 （そうぞくにん）	相続できる人。死んだ人のことを被相続人という。どの範囲の人が相続人となれるのかについて一定のルールがある。少なくとも死んだオヤジに愛人がいたとしても、愛人は相続人になれない。どうしても愛人に財産を渡したいのであれば、死ぬ前に遺言を書いておくこと。
直系尊属 （ちょっけいそんぞく）	実の親、じいちゃん、ばあちゃんなど。

ちょっけいひぞく 直系卑属	自分の子供、孫、ひ孫……。
たんじゅんしょうにん 単純承認	相続人が「財産も借金もまるごと相続します」ということ。親の借金のほうが多かったら自腹で弁済しなければならない。財産のほうが多かったらいいのにね。
そうぞく ほうき 相続の放棄	相続人が「相続しません」ということ。放棄をすると相続人じゃなかったものとして扱われる。親が借金だけ残して死んだようなときは、相続を放棄しちゃえ‼
げんていしょうにん 限定承認	相続するにあたり、財産が多いのか借金が多いのかわからないとき、うっかり単純承認をしちゃうと借金をかかえちゃうことになる。そんなときは限定承認。プラスがあれば相続します。借金のほうが多かったら私たち相続人は払いません、というラッキーな制度。
いりゅうぶん 遺留分	相続人に認められている最低限の相続分。これをもらいそこねたら、遺言で余計にもらっているヤツなどに「オレの遺留分を返せ」といえる。
しんがいがくせいきゅうけん 侵害額請求権	変な遺言があったため相続財産をもらいそこねた相続人が「オレに最低限みとめられている遺留分をくれ」と、遺言で財産をもらった人などに請求することができる。あぁー、血とカネがからむと怖い。
いごん 遺言	「この土地は長男に、有価証券は長女に」とか。法律上有効となる遺言には「自筆証書遺言」「公正証書遺言」「秘密証書遺言」がある。いずれにせよ一定の形式にしたがって書いてあることが重要で、そうじゃなくて単にメモなんていうのは遺言にはならない。読みは「ゆいごん」ではなく「いごん」。

ふほうこうい
不法行為

ふほうこうい 不法行為	故意(ワザと)や過失(自分のミス)で他人に損害を与えること。この場合、加害者は被害者に損害賠償しなければならない。なお、他人に損害が出たとしても「故意にやったわけじゃない」「過失もない」ということだと、不法行為とならない。

くぶんしょゆうほう
区分所有法

たてもの くぶんしょゆう 建物の区分所有	マンション(一棟の建物)のなかの部屋(専有部分)をそれぞれ、各人が所有できるというしくみ。専有部分についての所有権を区分所有権といい、専有部分の持主のことを区分所有者という。
せんゆうぶぶん 専有部分	分譲マンションの部屋(例301号室)のこと。
きょうようぶぶん 共用部分	エレベーターとか廊下とか、マンション(建物内)で自分の専有部分以外のところ。ちなみにベランダやバルコニーは共用部分。

規約 （きやく）	マンションでの管理規約をいう。マンションの住民は規約を守って暮らしていかなければならない。たとえば規約で「ペットの飼育は禁止」と書いてあったら、そのマンションでペットは飼えない。
管理者 （かんりしゃ）	マンションでは住民全員で管理組合っていうのを作って、そこでマンションの管理運営にあたる。「管理者」とは、その管理組合の役員（例：理事とか理事長）のこと。昨今、管理者（役員）のなり手がいなくて困っているマンション多し。マンションの管理人とまちがいやすいので注意。
集会 （しゅうかい）	分譲マンションで年に１回はやっている総会のこと。こんどの役員は誰にするか、とか、防犯カメラを設置するか、みたいなことを決議する。原則として過半数の賛成で可決。

借地借家法（しゃくちしゃっかほう）

借地権 （しゃくちけん）	他人の土地を借りて自分の建物を建てようとするときに設定する権利。借地借家法で出てくる言葉。土地を借りているほうを借地権者、土地を貸しているほうを借地権設定者という。
定期借地権 （ていきしゃくちけん）	「あらかじめ定めた期間が来たら借地権は消滅ですよ」という借地権。更新がない。期間が来たら建物を取り壊して土地は返還。定期借地権で建てた分譲マンションっていうのもある。なお定期借地権じゃなくて普通の借地権だったら「更新すること」を前提としている。
借家権 （しゃっかけん）	建物の賃借権のこと。「Ａは自己所有の建物をＢに賃貸した」とあったら、Ｂが賃借するからＢが建物の賃借人。借家人ともいう。Ｂは借家権（＝建物の賃借権）を有する、なんていったりもする。
定期建物賃貸借 （ていきたてものちんたいしゃく）	更新がない建物の賃貸借のこと。期間が来たら終わり。更新なし。定期借家といったりもする。なお、定期建物賃貸借ではなく普通の建物賃貸借だったら「更新すること」を前提としている。

不動産登記法（ふどうさんとうきほう）

不動産登記簿等 （ふどうさんとうきぼとう）	一つの建物ごとに、一筆（一区画）の土地ごとに不動産登記簿という帳簿がある。たとえばＡがＢから建物の所有権を取得した場合、その建物の登記簿に「所有権移転　所有者Ａ」と記載しておく（登記しておく）と、Ａはこの建物の所有者だということを世間一般に主張できる。逆に「所有者Ｂ」のまま放っておいたらＡは所有権を主張できない。この「登記をしておく」ということを「対抗要件を備える」というふうにいったりする。

▶ 宅建業法

免許制度
めんきょせいど

宅地建物取引業 たくちたてものとりひきぎょう	宅地建物取引業（略して「宅建業」）とは、マンションの分譲業（売主）とか、宅地建物の売買や賃貸の仲介業（間に入って話をまとめて報酬を取る）をいう。不動産業という言い方のほうがわかりやすいんだろうけど、宅建試験では不動産業という言い方はでてこない。
宅地建物取引業の たくちたてものとりひきぎょうの **免許** めんきょ	宅建業を営む場合、免許を受けなければならない。無免許で宅建業をやると逮捕される。「免許を受ける」というと、クルマの運転免許みたいに実技試験でもあるんじゃないかと勘違いする人もいる。そんなものはなく、免許＝事業の許可みたいなニュアンスでとらえておこう。宅建士の資格とは別モノだよ。
宅地建物取引業者 たくちたてものとりひきぎょうしゃ	宅地建物取引業者（略して宅建業者）とは、宅建業の免許を受けて宅建業をやっている人や会社のこと。不動産屋とか不動産業者というほうがわかりやすいけど、宅建試験では不動産屋とか不動産業者という言い方はでてこない。
宅地建物取引業の たくちたてものとりひきぎょう **免許の種類** めんきょ　しゅるい	宅建業の免許は2種類あって、ひとつは国土交通大臣免許、もうひとつは都道府県知事免許。事務所の設置範囲による。たとえば東京都だけに事務所を出すということだと東京都知事免許。東京と千葉に出すっていうんだったら国土交通大臣の免許。いずれの免許も有効期間は5年単位。
免許換え めんきょが	たとえば東京都知事の免許を受けていた宅建業者が、あとから千葉県にも事務所を出すなんていうことになった場合、東京と千葉で事務所を構えるということだから、国土交通大臣の免許を受け直さなければならない。こういう手続きを「免許換え」と呼んでいる。
事務所 じむしょ	宅建業者の本店や支店のこと。宅建業法上の「事務所」になると、そこには5人に1人以上の割合で宅建士がいなきゃいけないとか、営業保証金というのを供託してからじゃないと開業しちゃいけないとか、いろいろうるさいことをいわれる。
案内所等 あんないじょとう	「分譲マンションのそばに出した現地案内所」の類。出店みたいなもので、マンション分譲が終わっちゃえば撤収してしまう。そのへんが事務所と異なる。「その案内所でお客さんと売買契約をするつもり」なんていうことだと、その案内所には宅建士が1人以上いなければならない。

業として行う	「取引の相手（お客さん）は誰でもいいし、その行為を何度でも何回でもやる」というような意味合い。要は仕事（プロ・玄人）としてやりますよ、やるつもりですよ、ということ。
自ら売主	別の言い方をすると分譲。問題文で「宅地建物取引業者が自ら売主となって宅地を売却する場合に関する次の記述のうち……」というようなのがけっこう多い。
媒介・代理	媒介にしろ代理にしろ、要は間に入って売買契約や賃貸借契約をまとめること。無事に取引がまとまれば媒介や代理に依頼者から報酬（手数料）をいただく。なお、媒介というより仲介という言葉のほうがわかりやすいかも。
免許の欠格事由	宅建業者としてふさわしくない人（会社）には免許を出さない。「これに当てはまる人（会社）には免許を出しませんよ」という基準があって、それを欠格事由といっている。欠格事由はいくつかあって、たとえば「傷害罪で罰金刑になっちゃってから5年過ぎていない人」などがある。
変更の届出	宅建業の免許を受けると「宅地建物取引業者名簿」というのに会社名、役員の氏名、事務所の所在地などのデータが記載される。免許を受けたあと、たとえば会社名を変えた場合、宅地建物取引業者名簿に書いてあることとちがってくる。このようなときは「変更の届出」というのをしなければならない。それを受けて宅地建物取引業者名簿のデータが更新される。
廃業等の届出	破産したとか、合併されて消滅したとかで「もう宅建業者じゃなくなりましたよ」ということになったらそのことを届け出なければならない。これを「廃業等の届出」といっている。

宅建士制度

宅建士の設置	「事務所」には「5人に1人以上」は宅建士がいなければならない。「案内所等」にはそこの人数に関係なく「1人以上」は宅建士がいなければならない。こういうルールのことを「宅建士の設置義務」といったりしている。
専任の宅建士	「事務所」や「案内所等」にいなければならない宅建士は「専任」という形でなければならない。つまり「常勤」していなきゃいけないという意味合いで、たとえば週に3回勤務（そういう雇われ方）の宅建士とか、ほかでも「専任」となっている宅建士を「専任」とすることはできない。

宅地建物取引士 の登録 <small>たくちたてものとりひきし とうろく</small>	宅建試験合格→宅建士の資格登録→宅建士証の交付という流れになる。宅建士証を発行してもらった人が、晴れて「宅地建物取引士」を名乗ることができる。宅建士証を発行してもらうには、その前に「登録」というのをしておかなければならない。
登録の欠格事由 <small>とうろく けっかくじゆう</small>	宅建試験に合格したとしても、宅建士としてふさわしくない人は登録させない。「これに当てはまる人には登録させませんよ」という基準があって、それを登録の欠格事由といっている。趣旨的には宅建業の免許の欠格事由とおんなじ。
宅建士証 <small>たっけんししょう</small>	正式には「宅地建物取引士証」という。この宅建士証があってはじめて「宅地建物取引士」を名乗れる。宅建士証には顔写真のほか氏名・住所が書いてあるので身分証にもなる。とはいえ、一般人に見せても「なんですかこれ？」といわれる場合が多い。ためしに見せてみよう。

業務規制

営業保証金 <small>えいぎょうほしょうきん</small>	開業するにはカネがかかる。宅建業の免許を受けてから営業開始前に、事務所の数に応じた営業保証金を供託所に供託（預けておく）しなければならない。いくらかというと本店で1,000万円＋支店1ヶ所500万円の合計額。本店と支店2つだったら2,000万円のカネが必要。えー高い〜という人は「保証協会」に加入してね。ずっと安い金額で開業オッケー。
保証協会 <small>ほしょうきょうかい</small>	正式には「宅地建物取引業保証協会」という。営業保証金が高い、そんなあなたは保証協会に加入してください。本店60万円、支店1ヶ所30万円で加入できます。開業にあたり営業保証金を供託するか、保証協会に加入するか、どちらかを選択することになる。
誇大広告の禁止 <small>こだいこうこく きんし</small>	売りたい気持ちはわかりますけど、「著しく事実に相違する表示」などはしてはいけません。ちなみに実害がなくても誇大広告をしたというだけで宅建業法違反を問われる。まぁなんてったって、悪質業務は広告からはじまるワケでして。
媒介契約書 <small>ばいかいけいやくしょ</small>	「34条の2の書面」という場合もある。「このマンションを売りたいので買主をさがしてきてくれ」というような媒介契約をしたときは、宅建業者は依頼者に媒介契約書を作って渡す。そういう規定がある。

重要事項説明書 （じゅうようじこうせつめいしょ）	「35条書面」という場合もある。宅建業者は、宅地や建物の売買などの契約が成立する前に、お客さんに対して、その物件の悪い面も含んだ「重要事項」を説明しなければならない。重要事項の説明は宅建士じゃないとできない。で、その説明にあたって「重要事項説明書」というのが必要で、その書面には宅建士の記名押印（名前を書いてハンコを押す）がなければならない。
契約書面 （けいやくしょめん）	「37条書面」という場合もある。重要事項の説明が終わってから、こんどは契約を取り交わす。宅建業者は契約が成立したときは、契約書面をお客さんに交付しなければならない。重要事項説明とは異なり、宅建士が契約内容を説明する必要はないんだけど、契約書面には宅建士の記名押印が必要。
報酬 （ほうしゅう）	媒介や代理という形で他人間の売買や貸借をまとめて契約を成立させたら、媒介や代理をした宅建業者は報酬を受領することができる。売買金額や賃料により、受領できる報酬の上限額が決まる。相手が知らないからといってぼったくってはならない。
従業者証明書 （じゅうぎょうしゃしょうめいしょ）	宅建業者は従業者に「従業者証明書」というのを持たせなければならない。従業者は客から「従業者証明書を見せろ」といわれたら見せなければならない。どこの宅建業者（会社）の従業者なのか、すぐにわかる。ひどい営業をされてるんだったら、さっそく会社に文句をいいに行こう。
従業者名簿 （じゅうぎょうしゃめいぼ）	従業者証明書の発行台帳。宅建業者は事務所ごとに従業者名簿をつくって置いておかなければならない。従業者名簿には従業者の氏名、住所のほか、宅建士なのかどうか、いつ従業者になったのか、いつやめたのかなどが記載されている。客はその従業者名簿を見ることもできる。
帳簿の備え付け （ちょうぼ　そなえつけ）	取引台帳のこと。従業者名簿とおんなじように、宅建業者は事務所ごとに帳簿をつくって置いておかなければならない。で、取引があったつど、いつ、だれと、どんな取引をしたのかということを帳簿に書かなければならない。
案内所等の届出 （あんないじょとう　とどけで）	宅建業者が、専任の宅建士1人以上設置しなければならない「案内所等」を出して仕事をしようというときは、その10日前までに、「案内所等の届出」というのをしておかなければならない。いろいろめんどくさい。

標識の掲示 （ひょうしき けいじ）	宅建業者の事務所や案内所等などには、免許証番号や会社名、代表者の氏名などが記載された「標識」を掲示しておかなければならないという規定。こんど不動産会社（宅建業者）のお店にいったら、きょろきょろ見渡してみて。見やすいところに掲げてあります。

8種制限
（はっしゅせいげん）

クーリング・オフ （くーりんぐ おふ）	たとえば、悪徳売主業者の口車に乗せられ無料温泉旅行に連れて行かれたおっさん（一般消費者）が、宴会の席でムリヤリ不動産の売買契約をさせられちゃっても、後日、一方的に契約を解除できるしくみ。悪徳売主業者に手付金とか払っていても返してもらえるし、損害賠償とかも請求されない。ただしどんなときでもクーリング・オフできるかというとそうではなくて、「クーリング・オフできる場合」と「できない場合」とがある。
瑕疵担保責任についての特約の制限 （かしたんぽせきにん せいやく）	売主業者と一般消費者との売買契約で「品質などに不適合ががあったときは、引渡し後2年以内だったら責任を負います」という特約はオッケーなんだけど、これよりも一般消費者が不利となる特約（例：引渡し後1年間だけ責任を負います）をしてはならないという規定。
自己の所有でない物件の売買禁止 （じこ しょゆう ぶっけん ばいばいきんし）	「売主業者は、自分が所有していない物件を、一般消費者に売ってはいけませんよ」という規定。なんでこんな規定があるかというと、そもそも民法では「他人が所有している物を売ってもいい」ということになっているんだけど、ちょっとそれだとトラブルが起きそうなので宅建業法では禁止となった。
手付の額の制限 （てつけ がく せいげん）	売買契約とのときに、売主業者が一般消費者から受け取る手付金は「代金の20パーセントまで」とするルール。3,000万円の物件だったら手付金として受領できるのは600万円までとなる。
手付金等 （てつけきんとう）	手付金に「等」がついている場合は、「手付金をはじめ、物件を引き渡してもらう前に売主業者に支払ってしまうおカネのこと」という意味合いになる。物件の引渡し前に払ってしまうということは、もし売主業者が倒産などして物件を引き渡せなくなったような場合、大騒ぎとなる。
手付金等の保全措置 （てつけきんとう ほぜんそち）	売主業者が一般消費者から手付金等（物件を引渡す前に払ってもらうカネ）を受領する場合、倒産しても返金できるシステム（保全措置）をとってからにしてね、という規定。どんなのが保全措置になるかというと、銀行が返金を保証するとか、保険会社が払うとか。

手付けの貸付け	「どうですかこの物件、買っちゃいましょうよ」「あ、いま手付金をもちあわせてないんで」という局面で、「手付金、お貸ししますよ」とか「受け取ったことにしておきます」とかいって契約締結させちゃうようなことは禁止されている。
8種制限	宅建業者が売主となって一般消費者との間で売買契約を結ぶとき、売主業者が一般消費者である買主の無知につけこんで一方的に不利となるような取り決めをする可能性があるので、そんな売主業者側の動きを制限するため8種類の規定が用意されている。「クーリングオフ」「瑕疵担保責任の特約の制限」などがある。
損害賠償額の予定等の制限	売買契約のときに、売主業者と一般消費者との間で損害賠償額を予定するときは、代金の20パーセントまで」とするルール。そもそも、契約するときに損害賠償の額をあらかじめ定めておくことができるんだけど、あまりにも高額を予定するのはいかがなものか。まぁそういったことでこんなようなルールがある。

監督処分

免許の取消処分	クルマの運転免許とおんなじで、宅建業者が派手に宅建業法違反をやらかしてやりたい放題やっていると免許の取消処分となる。場合によっては5年間免許が受けられなかったりする。
登録の消除処分	宅建士に対する処分でいちばん重いもの。客に重要事項を説明するときに、テキトーなことやウソを言いまくったりしていると登録の消除処分となる。場合によっては5年間登録が受けられなかったりする。

▶ 法令制限

都市計画法	
都市計画法	読んでのとおり、都市を計画的に建設して行こうという法律。都市計画区域（都市を建設していく区域）というのを指定して、その区域のなかに「都市計画（街作りのプラン）」を定めていく。計画的に都市を建設して行こうということだから、好き勝手に家を建てたりしないよう、土地の利用につき制限を加えている。
都市計画	どういうふうに土地を利用していくか、どこに道路や鉄道を通すか、水道はどうするか、電気供給施設はどこに作って行くか、などなど、都市をつくっていくための具体的なプラン。
都市計画区域	都市を建設していく区域。都市計画を考えるには、そりゃやっぱりまずは都市計画区域を決めておかないとね。どこに都市を建設していくか。その区域に都市計画（街作りのプラン）を定めていく。都市計画区域に指定されると、区域内ではもはや好き勝手な建築とかができなくなる。
区域区分	都市計画区域内を「市街化区域」と「市街化調整区域」にわけること。「市街化調整区域」とされたエリアでは、宅地の造成や建物の建築ができない。
市街化区域	市街化区域とは「すでに市街地を形成している区域」及び「おおむね10年以内に優先的かつ計画的に市街化をはかるべき区域」。積極的に街づくりをしていこうという区域。
市街化調整区域	市街化調整区域は「市街化を抑制すべき区域」。原則として市街化調整区域内では、宅地の造成や建物の建築はできない。なので価格もメチャ安い。だって使えないんだもんねー。
地域地区	その地域を住宅地にするのか、はたまた商業地として発展させていくのか。そういった「具体的にどんな街にしていくか」みたいなプランの総称を「地域地区」といっている。一種のフォルダーみたいなもんで、「地域地区」のなかを見てみると、用途地域、防火地域というような「なんとか地域」というのと、特別用途地区、高度地区というような「なんとか地区」というのが入っている。

用途地域	「地域地区」の一種。この「用途地域」というのもフォルダーみたいなもので、「用途地域」のなかに、第一種低層住居専用地域、商業地域、工業地域などぜんぶで13種類の具体例が入っている。用途地域というくらいだから、その地域にどんな用途の建物だったら建てていいのか、大きさはどれくらいまでか、というような感じで土地の使い方を決めている。
特別用途地区	「地域地区」の一種。ちょっとややこしいんだけど、この「特別用途地区」というのも一種のフォルダーみたいなもので、「特別用途地区」のなかに文教地区、特別工業地区などがある。特別用途地区は、用途地域の用途制限をこまかく補完するのが役目で、たとえば文教地区に指定されているとそこにフーゾク店や映画館が建てられなかったりする。
高度地区	「地域地区」の一種。建築物の高さの最高限度（例：最高でも15mまでとすること）・最低限度（例：最低でも7m以上とすること）を定めている地区。
高度利用地区	「地域地区」の一種。高度地区とまちがいやすい。単に高さの最高限度などを定めている高度地区とは異なり、高度利用っていうくらいだから、その地区に高層建築物を建てて有効利用していこうというもの。市街地を再開発するときに使う。
防火地域	「地域地区」の一種。防火地域に指定されていると、一定規模以上の建築物については耐火性能が求められる。つまり「燃えない建築物としなければならない」というようなルールがある。
準防火地域	「地域地区」の一種。防火地域よりは規制がゆるいが、一定規模以上の建築物については燃えない建築物としなければならない。駅を中心とした一面に「防火地域」。その周りを「準防火地域」で取り囲む。そんなようなイメージで。
都市施設	学校や公園、道路や鉄道、水道、電気供給施設など、都市の骨格となる施設。都市計画法で計画して建設していく。なお、地震などで都市施設が破壊されると、都市の活動が止まる。
市街地開発事業	山を切り崩して大規模なニュータウンを造成するような事業とか、木造密集地を再開発して高層ビルを中心にすえた市街地にする再開発事業とか。おおがかりな公共工事。巨額が動く。利権でもめやすい。まぁまてまて、わしらが仕切るからな。談合談合。……なんて感じでしょうか。

地区計画 （ちくけいかく）	わりと小規模な地区（街の一角）だけを対象にした都市計画。その地区の醸し出す環境などを守ろうというようなことで、その地区独自のルールを定める。結果、その地区内では、そのルールにあった開発や建築じゃないとできなくなる。
開発行為 （かいはつこうい）	建築物や特定工作物（ゴルフコースや1ヘクタール以上の野球場など）を建築・建設するために行う土地の区画形質を変更する工事。たとえば、ちょっとした丘を切り崩したり、谷みたいなところに土を盛ったりして建物を建てられるようにすること。この「開発行為」を行うには「開発許可」というのを受けなければならない。無秩序な開発行為を防止しようということで、そういったルールがある。

建築基準法（けんちくきじゅんほう）

建築基準法 （けんちくきじゅんほう）	国民の生命や財産を守るために、建築物を建てるときの「最低の基準」を決めている法律。建築物の構造などを規定しているほか、都市計画法と連動する形で、用途地域に応じて建蔽率や容積率、用途地域での建物の用途制限などの規定もある。
建築確認 （けんちくかくにん）	建築物を建築する場合、建築確認を受けなければならない。建築計画が、建築基準法をはじめとする各種の基準をみたしているかどうかを役所の係の人（建築主事）がチェックする。建築確認がおりないと建築工事に着手できない。
建築主事 （けんちくしゅじ）	公務員で、建築確認関係の仕事をする人。
接道義務 （せつどうぎむ）	「建築物の敷地は、道路に2m以上接していなければならない」というルールのこと。ちなみに道路の道幅は4m以上なければダメ。
2項道路 （にこうどうろ）	本来、道路の道幅は4m以上なければならないが、道幅が4m未満でも道路とみなされる場合がある。そんな道路のこと。建築基準法第42条第2項に規定されているので「2項道路」といっている。「みなし道路」と呼ぶ場合もある。ちなみに建築物が建っている敷地が2項道路（みなし道路）に接している場合、再築する際、境界線を道路の中心線から2m下げなければならない。これをセットバックという。
セットバック （せっとばっく）	建築物の敷地が2項道路（みなし道路）に接している場合、再築する際に、境界線を道路の中心線から2m下げなければならない。「セットバックあります」というような表現となる。なおセットバックした部分は道路となる。両端の人がそれぞれセットバックすると、いつのまにか道路の道幅は4mとなる。

よう 用途制限	たとえば「第一種低層住居専用地域では飲食店やお店を建てちゃダメ」というようなルール。用途地域（せんぶで13種類ある）ごとに、建てていい建物・ダメな建物が決められている。
ようせきりつ 容積率	「その敷地にどれくらい大きい建物を建てていいのか」を表した数値。用途地域ごとに指定されている。敷地面積（例：100㎡）に容積率の数値（例：400%）をかけると、その敷地で建てていい建築物の延べ面積（各階の床面積の合計。例：400㎡）が算出される。各階を100㎡にすれば4階建て、80㎡にすれば5階建て。
けんぺいりつ 建蔽率	「その敷地を建築物（通常は1階の床面積）でどれくらい覆ってしまっていいのか」を表した数値。これも用途地域ごとに指定されている。建蔽率50%と指定されているのであれば、敷地の50%部分にしか建物を建てることができない。残りの50%は空き地となる。
しゃせんせいげん 斜線制限	街中でビルやマンションを見上げたとき、上の階のほうが斜め（段々畑みたいな感じ）になっている場合があるでしょ。あれです。前面道路の反対側の境界線などから一定の勾配で示した斜線の内側を建物の高さの上限とするルール（斜線制限）があり、結果としてビルの上のほうを斜めにカットせざるを得ないことがある。なのであんな形になっている。
ひかげきせい 日影規制	主に住宅地でのルール。「一定規模以上の建物を建てるとき、隣の家の日影も考慮しなさい」という趣旨。住宅地での日照をめぐるトラブルが多発したため、こんな規定が生まれた。
けんちくきょうてい 建築協定	土地の所有者などで定めた建築物のルール。「こういう用途はダメ」とか「こんな色はダメ」とか。そんな建築協定が締結されている区域だったら、その協定内容にあった建築物じゃないと建築できない。
たいかけんちくぶつ 耐火建築物	燃えない建物。壁や柱、屋根とか床を燃えない材料で作る。文字通り火災にいちばん強い。けど、建築コストは跳ね上がる。
じゅんたいかけんちくぶつ 準耐火建築物	耐火建築物と比べると耐火性能は低くなる。燃えにくいように工夫して作る建築物。準防火地域に指定されている住宅地だと、だいたい準耐火建築物が建っているかな。

国土利用計画法

国土利用計画法

もともとは、土地の価格が急に高くなることを防ぐために作った法律。昭和 48 年ごろとか昭和 62 年ごろにはそれなりに意味もあった。が、バブル崩壊後、土地の価格はずぅーっと下がりっぱなしなので、いまはあんまり存在感のない法律。そのくせ、宅建試験では 1 問出題されたりする。

事後届出制度

国土利用計画法での規定。一定面積以上の土地売買契約などをしたときは、契約してから 2 週間以内に「誰といくらで取引したのか、土地の利用目的はなにか」などを届け出なければならないという規定。契約した後に届け出ろということだから、事後届出といったりしている。

事前届出制度

国土利用計画法での規定。地価が急激に上昇してヤバそうな区域を「注視区域」「監視区域」というのに指定して、その区域内で一定面積以上の土地売買契約などをするときは、契約する前に「いくらで誰に売るのか」などを届け出なければならないという規定。契約する前に届け出ろということだから、事前届出といったりしている。

農地法

農地法

基本的には「農地を農地として守っていこう」という法律。なのでいままで自分で耕していた農地を誰かほかの人に売買したり、はたまた農地をつぶして宅地にしようなんていうときは「農地法上の許可を受けろ」という話になっている。

農地法 3 条の許可

いままで自分で耕してきた農地を、誰かほかの人に農地のまま売買したり賃貸借するときは、農地法 3 条の許可を受けなければならない。新しく農地を使う人が農業をやれそうにないということだと、不許可になったりする。

農地法 4 条の許可

「自分の農地をつぶして建物を建てる(自己転用といったりする)」というような場合は農地法 4 条の許可を受けなければならない。

農地法 5 条の許可

農地を、農地以外(例:マンションの敷地など)にするために売買したり賃貸借をするときは、農地法 5 条の許可を受けなければならない。

土地区画整理法

土地区画整理法 <small>とちくかくせいりほう</small>	土地区画整理事業をするための段取りを決めている法律。
土地区画整理事業 <small>とちくかくせいりじぎょう</small>	ごちゃごちゃと不整形で使いにくい街を、ザザっと区画整理して、道路や公園を整備してきれいな街並みにするための大規模な公共工事。時間とカネ、そして手間ひまがかかる。はじまってからおわるまで20年以上かかったりする。

宅地造成等規制法

宅地造成等規制法 <small>たくちぞうせいとうきせいほう</small>	昭和36年に次々と日本を襲った台風により、粗悪な工事で造成された傾斜地での住宅街が次々と崩壊していった。そんな悲劇を防ごうということで、傾斜地での宅地造成工事についていろいろ規制を加えている法律。ガケ崩れを防止し国民の生命と財産を守ろうとしている。
宅地造成工事規制区域 <small>たくちぞうせいこうじきせいくいき</small>	宅地造成等規制法で指定する区域。市街地周辺の傾斜地（野山などの丘陵地）が指定の対象。宅地造成工事規制区域内で、宅地造成工事（傾斜地の土を削ったり、逆に土を盛ったりして建物を建てられるよう平にする。できあがると段々畑みたいになる）を行う場合、宅地造成等規制法上の許可を受けなければならない。
造成宅地防災区域 <small>ぞうせいたくちぼうさいくいき</small>	宅地造成等規制法で指定する区域。宅地造成工事規制区域に指定されていないところに指定する。どんなところが指定の対象になるかというと、その昔の造成宅地で、いま地震とかがあるとガケ崩れなどの大災害が発生しそうなところ。

索引

索引

STAFF

編集　　　　大西強司（とりい書房有限会社）
　　　　　　片元　諭
編集協力　　伊草　淳
制作協力　　狩野　昇
制作　　レパミ企画　西新宿デザインオフィス　むくデザイン
本文イラスト　とりい書房制作部
カバーイラスト　神林美生
カバーデザイン　阿部　修（G-Co.Inc.）
カバー制作　　高橋結花・鈴木　薫
編集長　　玉巻秀雄

本書の特典のご案内

● **スマホで学べる単語帳**
  試験によく登場する重要用語をウェブアプリ形式の単語帳で学習できます。

上記の特典は、以下の URL からご利用いただけます。

(インプレス書籍サイト) https://book.impress.co.jp/books/1119101127

  ※利用には、無料の読者会員システム「CLUB Impress」への登録が必要となります。
  ※本特典のご利用は、書籍をご購入いただいた方に限ります。
  ※提供期間は、本書発売より 3 年間となります。
  ※本書の記述に関する不明点や誤記などの指摘は、上記、インプレス書籍サイトの
    「お問い合わせ」よりお問い合わせください。

- -

● **音声講義「ポッドキャスト★ダイナマイト宅建♪」**
  単元ごとの音声講義(mp3)を無料でお聴きになれます。5 ページの案内をご参照ください。

● **無料質問**
  受験勉強に関する疑問や不明点がありましたら、著者に直接質問ができます。宅建ダイナマイト合格スクールの「お問い合わせフォーム」をご利用ください。

● **受験勉強エンタメ系セミナーやイベントの案内**
  受験勉強の最新情報とともに、ホームページや公式ラインアカウントにてご案内いたします。

詳細はこちら!!

(宅建ダイナマイト合格スクール) http://t-dyna.com/

編集部より 宅建士受験対策セミナーの開催予定について

　本書や上記の特典を利用してマイペースに学習を進める方法のほかに、実際に講義を受講して合格力をさらに高める方法もあります。

　試験日までの長い期間を乗り切るために、音声講義での軽妙な語り口をさらにパワーアップさせた、大澤先生の宅建士受験対策講座を毎年開催しています。セミナー会場での開催のほかに、ネット上でのライブ講義も予定しています。

　独学にあまり自信の無い方や挫折しそうになっている方、ともに切磋琢磨する仲間を作りたい方におすすめです。

　開催日、内容などの詳細については、上述のインプレス書籍サイト、宅建ダイナマイト合格スクールの Web サイトでお知らせします。

著者紹介

大澤 茂雄（おおさわ しげお）
宅建ダイナマイト合格　　スクール代表

ニックネーム：じょん
キャッチコピー：意外とマジメ。現場主義で30年以上

経　歴

■昭和61年日本大学法学部卒業後、店舗ディスプレイ＆デザイン会社に就職し、プロモーションビデオ製作に携わる。その後マーケティング・リサーチ部署に異動。そこで「街づくり」に興味がわき、昭和62年に宅建試験受験。合格後、バブル景気真っ盛りという時代背景に甘んじバイクで日本一周の旅へ出る。1年近く放浪した果て、昭和63年11月に某資格試験受験スクールに宅建講師として入校。以来一貫して”熱き現場”教壇に立つ。もともと「学校のセンセー」が嫌いということもあり、先生らしくない先生を目指し、いきなり人気を博す。

■2004年に独立。”個”が発信し”個”が選択する時代の新しいスクール「宅建ダイナマイト受験倶楽部」を立ち上げる。2012年に「宅建ダイナマイト合格スクール」に名称変更。かれこれ講師生活30年以上。

■著書に『合格しようぜ！宅建士2020　基本テキスト音声35時間付き』『合格しようぜ！宅建士2020　音声付きテーマ別ベストセレクト問題集』『合格しようぜ！宅建士2020　音声付き過去15年問題集』（インプレス）『宅建受験小説　女子大生ナナミの挑戦』（ぱる出版）『図解いちばん優しく丁寧に書いた不動産の本』（成美堂出版）

http://www.t-dyna.com　　http://facebook.com/takkendyna

★1964（昭和39）年2月16日生まれ
★星　座：みずがめ座
★血液型：A型
★出　身：東京都新宿区
★趣　味：サンバ。Liberdade（リベルダージ）というチームに所属し、2005年より浅草サンバカーニバルに連続出場中。バテリアとしてスルドを叩いている。
★欲しいもの：CB1100（ホンダの大型オートバイ）。仕事が軌道に乗ったら、会社を誰かに託し、CB1100でまた日本一周ツーリングに出かけるつもり。
★好きな映画：1970年代の東映映画
★好きな小説家：片岡義男さん。もうメチャ好き。『ときには星の下で眠る』『幸せは白いTシャツ』『彼のオートバイ、彼女の島』『味噌汁は朝のブルース』『湾岸物語』などなど一連の角川文庫シリーズを愛蔵＆愛読。とくに『味噌汁は朝のブルース』に収録されているアイドルタレントとの一夜を描いた『人魚はクールにグッドバイ』はいまだに好き。
★モットー：たとえビリでも「F1」を走る。

インプレス宅建士シリーズ
合格への鉄壁の布陣

教科書

初学者でも全分野をしっかりと楽しく学べる挫折ゼロの定番テキスト音声講義35時間

15年過去問

コスパ最強の過去15年問題集フル音声講義つき

テーマ別問題集

基本テキストに完全準拠した分野別問題集音声講義つき

同時学習で一発合格も可能！

■ 商品に関する問い合わせ先

インプレスブックスのお問い合わせフォームより入力してください。

https://book.impress.co.jp/info/

上記フォームがご利用頂けない場合のメールでの問い合わせ先
info@impress.co.jp

- 本書の内容に関するご質問は、お問い合わせフォーム、メールまたは封書にて書名・ISBN・お名前・電話
番号と該当するページや具体的な質問内容、お使いの動作環境などを明記のうえ、お問い合わせください。
- 電話やFAX等でのご質問には対応しておりません。なお、本書の範囲を超える質問に関しましてはお答え
できませんのでご了承ください。
- インプレスブックス (https://book.impress.co.jp/) では、本書を含めインプレスの出版物に関するサポート
情報などを提供しておりますのでそちらもご覧ください。
- 該当書籍の奥付に記載されている初版発行日から3年が経過した場合、もしくは該当書籍で紹介している製
品やサービスについて提供会社によるサポートが終了した場合は、ご質問にお答えしかねる場合があります。

■ 落丁・乱丁本などの問い合わせ先　　　　　■書店／販売店の窓口
　TEL　03-6837-5016　FAX　03-6837-5023　　株式会社インプレス 受注センター
　service@impress.co.jp　　　　　　　　　　　TEL　048-449-8040
　(受付時間／10:00-12:00、13:00-17:30 土日、祝祭日を除く)　FAX　048-449-8041
　- 古書店で購入されたものについてはお取り替えできません。　株式会社インプレス 出版営業部
　　　　　　　　　　　　　　　　　　　　　　　TEL　03-6837-4635

1 週間で宅建士の基礎が学べる本 音声講義付き超入門

2020 年 3 月 11 日　初版発行

著　者　宅建ダイナマイト合格スクール　大澤茂雄

発行人　小川　亨

編集人　高橋隆志

発売所　株式会社インプレス
　　　　〒 101-0051　東京都千代田区神田神保町一丁目 105 番地
　　　　ホームページ　https://book.impress.co.jp/

印刷所　日経印刷株式会社

ISBN978-4-295-00852-1　C2032

Printed in Japan